우는
어른

泣く大人
**NAKU OTONA**

Copyright© 2001 by Kaori EKUNI
First published in Japan in 2001 by Sekai Bunka Publishing Inc.
Korean translation rights arranged with Kaori EKUNI
through Japan Foreign-Rights Centre/Shinwon Agency Co.

이 책의 한국어판 지작권은 Japan Foreign-Rights Centre/Shinwon Agency Co.를 통한 Kaori EKUNI와의 독점 계약으로 (주)태일소담에 있습니다. 저작권법에 의하여 한국 내에서 보호를 받는 저작물이므로 무단 전재와 무단 복제를 금합니다.

## 우는 어른

펴 낸 날 | 2013년 12월 20일 초판 1쇄
　　　　　2014년　1월 27일 초판 2쇄

지 은 이 | 에쿠니 가오리
옮 긴 이 | 김난주
펴 낸 이 | 이태권
책임편집 | 김은경
책임미술 | 정혜미
펴 낸 곳 | (주)태일소담
　　　　　서울시 성북구 성북동 178-2 (우)136-020
　　　　　전화 | 745-8566~7 팩스 | 747-3238
　　　　　e-mail | sodam@dreamsodam.co.kr
　　　　　등록번호 | 제2-42호(1979년 11월 14일)
　　　　　홈페이지 | www.dreamsodam.co.kr

ISBN 978-89-7381-739-9　03830

이 도서의 국립중앙도서관 출판시도서목록(CIP)은 서지정보유통지원시스템 홈페이지 (http://seoji.nl.go.kr)와 국가자료공동목록시스템(http://www.nl.go.kr/kolisnet)에서 이용하실 수 있습니다.(CIP제어번호: CIP2013026662)

• 책값은 뒤표지에 있습니다.
• 잘못된 책은 구입하신 곳에서 교환해드립니다.

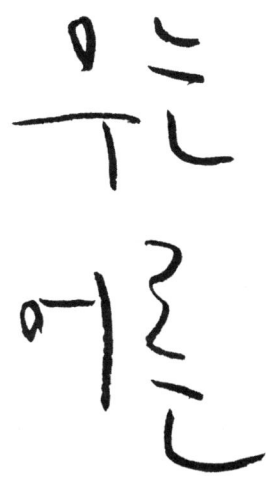

# 우는 어른

에쿠니 가오리 지음
김난주 옮김

소담출판사

**차례**

## I 비가 세계를 싸늘하게 적시는 밤

고독한 여자와 비 · 10
호사스러운 덩어리 · 17
있을 곳이 있다는 기분 · 21
비가 세계를 싸늘하게 적시는 밤 · 27
우아한 따분함 · 29
음악에 대해 · 32
외국의 놀이공원 · 38
뒤집힌 현실 · 41
옆에 있어주었다 · 44
그 도시의 저력 · 47
델라웨어 주 뉴어크 래드클리프 거리 409번지 · 49
동그란 곤약과 빨간 벌레 · 50
행복한 취미 · 54
오피스 거리 피크닉 · 60
손수건 · 62
깊은 밤의 아오야마 북 센터 · 66
가을꽃 같은 여자 · 70
선물 · 72
설날의 경계 · 75
호쾌한 숙녀 · 78
우노 아키라 씨 · 83
문학 전집에 대하여 · 86
하지만 세인트 잭스 호텔에는 아직 돌아갈 수 없다 · 88

## II 남성 친구의 방

얻기 어려운 남성 친구 · 92
빌려주기와 빌리기 · 99
금기 · 105
까칠한 두 사람 · 110
칭찬 · 116
남자다움의 정의 · 121
찰나 · 127
시간의 흐름 · 132
판타지 · 137
친구가 하는 가게 · 142
재회 · 148
자그마한 돌이 박힌 귀걸이 · 153

## Ⅲ 갖고 싶은 것들

세 가지 소원 · 160
우물 · 163
상어 이빨 · 167
모자 · 170
하늘이 내려준 가창력 · 173
당나귀 · 176
능수버들 같은 허리 · 179
운전 능력 · 182
아침 먹는 방 · 186
언제나 옆에 있어주는 남자 · 190
하이디처럼 선한 마음 · 194
용기 · 197

## Ⅳ 햇살 내음 가득한, 어슴푸레한 장소

어느 겨울날의 독서 일기 · 202
조각 같은 촉감의 행복한 소설집 · 206
나그네의 마음 · 209
행복한 다이애나 · 213
커포티의 유작, 그 아찔한 외설과 속도 · 216
햇살 내음 가득한, 어슴푸레한 장소 · 218
고독, 사람 하나분의 무게와 마주하는 일 · 223
늙은 여자 셋의 에너지와 청결함, 그리고 여자다움 · 227

작가 후기 · 229

## I 비가 세계를 싸늘하게 적시는 밤

내가 좋아한 것은 그곳의 밝음이었다. 철저하게 인공적인 밝음, 하얗고 당당하게 빛나는 휘황찬란한 빛. 밤중인데도 사람들이 많고, 모두들 집에 돌아가고 싶어 하지 않는다. 있을 곳이 있다는 그 느낌.

## 고독한 여자와 비

　내 인생에 무언가 예정한 일은 없는데, 예정에 없던 일이라고 생각하는 일은 종종 있어 우습다. 예정이 없는데, 예정에 없는 일은 있다니.
　'비'와도 그렇게 살기 시작했다. 비는 강아지 이름. 비는 건강하고 놀라우리만큼 성격이 곧다.
　작년 12월, 치과에 다녀오는 길에 비를 샀다. 19만 엔이었다. 비는 백화점 옥상에 있었다. 어쩌다 그렇게 되었는지 모르겠지만 나는 그 아이를 데리고 와버렸다. 당시 비는 태어난 지 두 달 된 강아지로 캐러멜색 긴 털에 얄미울 정도로 천진난만한 표정을 하고 있었다. 천진난만. 그것은 내가 거의 믿지 않는 개념이며 조금도 좋아하지 않는 말이다.
　오랜만에 강아지를 키운다. 비의 에너지는 끝이 없다. 나는 조그만 어린애를 맡게 된 늙은 여자 같은 기분이 들었다.
　비는 안하무인이다. 꾸밈없는 안하무인만큼 사람의 마음을 울리는 것도 없다. 하지만 나는 감동에 겨워 비를 찬양한다.

"너 진짜 안하무인이다. 홀딱 반하겠어."

비는 기뻐하는 표정이다. 이야기를 걸어주는 게 좋은 것이다. 하지만 음성만 들을 뿐, 내용은 전달되지 않는다. 그래도 상관없다, 알아주지 않아도. 비는 그저 자기 몸 크기의 성의와 욕망으로 나를 대한다.

몹시 우습게 들린다는 것은 알지만, 나는 말이 아닌 다른 수단으로 의사소통하는 데 서툴다. 말을 굳게 믿는 탓에 비에게도 그만 말을 하고 만다. 말을 건네기도 하고 질문도 하고, 그런 데다 최대한 비의 의지를 존중하고 싶어 한다. 그 결과, 나는 비에게 꼼짝 못하는 신세가 되고 말았다.

비에 대한 메모

—동백꽃을 좋아한다. 마당에 풀어놓으면 곧장 동백나무 아래로 달려가 땅에 떨어진 꽃을 먹는다.

—혼난다는 것을 이해하지 못한다.

—드라이브를 좋아하는데, 차멀미는 하지 않는다(단, 사람 무릎에 앉아 가는 조건으로).

—빨리 달린다.

―놀다 지치면 무릎에 달랑 올라앉아 만족스럽게 코를 드르렁 한 번 골고는 잠든다. 이 코 고는 소리가 얼마나 사랑스러운지, 들을 때마다 이 세상 소리가 아닌 것만 같아 나는 울고 싶어진다.

―조금도 심술궂지 않다.

내가 비를 응석받이로 키우는 것처럼 보이리라. 어떤 친구는 걱정하면서 『강아지 훈련은 생후 6개월에 결정 난다』라는 책을 주었다. 강아지 응석을 받아주는 데는 일가견이 있는 엄마에게조차 "넌 강아지나 남자나 너무 받들어서 탈이라니까" 하는 잔소리까지 듣는 신세지만, 실제로는 그 반대다. 내가 비에게 어리광을 피우는 것이다. 응석을 부리고, 특별 대우를 받고 있다.

그러니 사정이 생겨 비를 애견 학교에 맡기게 되었을 때도 어쩔 줄 몰라 우왕좌왕했던 것은 비가 아니라 나였다. 그거 봐, 네가 응석을 받아주니까 주인이 그런 꼴이 되었지. 보나마나 학교에서 비는 다른 강아지들에게 그런 소리를 듣고 있을 것이다. 나는 면회를 갈 때마다 그런 꼴이 되고 만다.

그런데.

비의 견종은 아메리칸 코커스패니얼인데, 나는 그냥 코커스패니얼로만 여기고 있었다. 옛날에 큰숙모가 코커스패니얼을

키운 적이 있다. 이름이 줄리였는데, 나는 그 강아지의 길쭉하고 우아한 얼굴과 영특해 보이는 눈, 나긋나긋한 몸짓을 잘 기억하고 있다.

그런데 비는 좀 달랐다. 우아하기보다는 좀 더 애교 있는 얼굴이고, 영특하기보다는 선해 보이는 눈에, 강아지라는 점을 감안해도 너무 기운이 넘쳤다. 그러다 브루스 포글 박사란 사람이 쓴 책 『코커스패니얼Cocker Spaniel』을 읽고서야 그 이유를 알았다. 그 책에 따르면 아메리칸 코커스패니얼은 본종인 코커스패니얼보다 이마가 크고 얼굴이 동그랗고 몸집이 다소 작으며, 털은 긴 비단실 같고, 애완견답게 기운이 넘친다고 한다. 이는 '미국의 브리더breeder들이 새로운 견종을 개발할 때 유아적인 특징을 선택적으로 강조한 결과'이며, '아메리칸 코커스패니얼은 앞으로도 오직 쇼를 위한 견종으로 번식하게 될 것'이라고 쓰여 있어, 나는 놀라서 몇 번이나 다시 읽었다. 강아지를 놓고 무슨 짓을 하는 것인지. 개의 입장에서는 참극이다.

한동안 충격에서 벗어나지 못했는데, 그러고 보니 비의 모습이 과연 '유아적'이다.

"너, 아메리칸이었구나."

나는 비가 더욱 사랑스러워지고 말았다. 비 오는 날 만났다는 이유만으로 붙인 비라는 이름마저 무슨 인연이 있는 것처럼 여겨진다. 게다가, 아메리칸이라는 말의 왠지 모를 경솔한 울림을, 그러고 보니 나는 처음부터 싫어하지 않았다.

그 외에도 포글 박사의 책에는 흥미로운 내용이 쓰여 있었다. 예를 들면, 사람이 외출할 때 강아지가 심심해하지 않도록 구멍 뚫린 장난감 속에 피넛 버터를 넣어주면 좋다고 한다.

피넛 버터! 정말 아메리칸 적인 발상이 아닐 수 없다.

그랬다가는 비의 털은 물론 방바닥도 끈적끈적해질 것이다. 이왕 피넛 버터를 먹일 거면 좀 더 차분하게 먹도록 하고 싶다. 느긋하게. 그러나 진지하게 그런 내용을 쓴 저자의 인품에 호감이 느껴져 나는 비에게도 그 부분을 읽어준 후에 같이 피넛 버터를 먹고 차를 마셨다.

그러다 떠오른 일이 있다. 열두 살 때 일이다. 집에서 강아지를 키우게 되었다. 강아지가 있으면 좋겠느냐고 묻기에 그렇다고 대답했더니 아빠가 딱 한 가지만 약속해달라고 했다. 그런 때 부모는 보통 날마다 산책을 시켜야 한다, 먹이를 주고 대소변 치우는 것을 게을리하면 안 된다 등, 살아 있는 동물을 키우는 데 필요한 책임을 가르치려 한다고 소설이나 텔레비전, 드라마를 통해 읽고 보았는데, 아빠는 다른 말을 했다.

외로움 타는 외톨이 여자처럼 강아지에게 지나치게 애정을 쏟아서는 안 된다. 강아지는 언젠가는 죽는다. 그때, 고독하고 히스테리컬한 여자처럼 울고불고 호들갑을 떨어서는 안 된다. 아빠는 그렇게 말했다.

  9년 후 그 강아지가 죽었을 때, 약속을 기억하고 있던 나는 아빠 앞에서는 울지 않았다. 그런데, 지금이 되어서야 나는 깨닫고 말았다. 열두 살 때나 지금이나 나는 외톨이는 아니지만 외로운 여자고, 고독하고 히스테리컬한 여자이기도 하다는 것을. 그렇다는 것을 아빠가 모르면 좋겠다고 진심으로 생각한다.

  이제 곧 집으로, 아메리칸 적인 비가 돌아온다.

## 호사스러운 덩어리

어제저녁, 친하게 지내는 편집자 두 명과 메밀국수를 먹으러 갔다. 쥐치 회를 안주 삼아 맥주를 마시면서, 곁들여 놓어 소금구이와 은행, 누에콩 튀김을 조금씩 먹었다. 그러다 주종이 정종으로 바뀌어 조그만 되에 든, 물처럼 매끄러운 술을 홀짝홀짝 마셨는데, 어쩌다 보니 레이즌 버터 이야기를 하고 있었다. 둘 다 레이즌 버터를 좋아한다고 했다. 나는 반가워서 그만 "2차로 레이즌 버터 먹으러 가요" 하고 제안했다.

나는 레이즌 버터가 진짜 맛있다고 생각하는데, 어제까지만 해도 레이즌 버터가 맛있다는 사람을 딱히 만나지 못했다. 버터를 그냥 먹는다는 데에 거부감이 있는지, 우리 엄마와 여동생도 니글거린다며 전혀 먹지 않는다. 남편도, 고등학교 시절 친구들도. 하기야 고등학교 시절 친구들은 술을 마시지 않으니, 레이즌 버터를 먹지 않는 것은 그 탓인지도 모르겠다.

나는 원래 버터를 좋아한다. 버터만큼 순수한 호사스러움을 느끼게 하는 식품도 없지 않나 싶다. 그야말로 호사스러운 덩어리다.

어렸을 때 가족끼리 레스토랑에 가면 내 최대의 즐거움은 버터였다. 은색 그릇에 공손하게 조르륵 놓인 동그란 버터. 나는 그것을 버터나이프에 꽂아 그대로 먹었다. 목을 지날 때의 차가움과 소금 맛 뒤에 느껴지는 진한 달콤함. 그냥 단것이 아니라, 단맛이 사르르 퍼진다. 그 버터가 지금의 내 몸을 만들었다고 생각한다. 사람은 그 사람이 지금까지 먹어온 것으로 만들어져 있다.

나는 버터를 빵에 바르지 않는다. 버터는 바르는 것이 아니라 얹는 것이다. 적어도 처음에는 고형이니까. '빵'과 '버터'에 뒤따르는 동사는 '얹다'나 '올려놓다'여야 마땅하다고 생각한다. 만약 부사를 덧붙인다면 '충분히'나 '듬뿍'이 바람직하다.

빵이나 크래커 또는 비스킷이라 불리는 딱딱하게 구운 러스크에 잼을 발라 먹을 때, 버터를 얹지 않는 사람이 많아 놀랐다. 어지간히 질 좋은, 당도는 낮고 신선한 잼ㅡ집에서 만든ㅡ이 아닌 한 버터를 곁들이는 편이 단연 맛있다. 살구 잼일 때는 더더욱.

버터를 좋아하는 친구가 한 명 있다. 그 친구와 간혹 식사를 같이하는데, 그때는 물론 버터가 맛있는 가게를 선택한다. 그

리고 따끈한 빵에 그것을 반듯하게 올려놓고, 음식을 먹는 내내 그 맛을 찬찬히 음미한다. 도중에 버터를 리필한다.

불현듯 칼로리가 뇌리를 스치는 일이 없지는 않다. 하지만 나는 이내 그 나약한 생각을 떨쳐낸다. 이렇게 호사스럽고, 이렇게 나를 행복하게 하는 버터는 내 몸 안에서 뼈를 반짝반짝 빛나게 할 것이라고 생각한다. 3년 전에는 아빠가, 올해에는 할머니가 돌아가셔서 근자에 두 번이나 화장터에 다녀왔다. 언젠가 내가 죽으면 화장터 사람이 뼈를 보고는 놀라리라. 튼튼하고 하얗고 반짝반짝 빛날 테니까.

"호사스러운 분이었군요."

화장터 사람이 그렇게 말할지도 모르겠다.

행복한 먹거리란 아마도 그런 것이리라.

그건 그렇고, 어제.

세 가지 맛 메밀국수―오리지널 메밀국수, 청 유자 맛, 검은깨 맛―를 넉넉하게 먹은 후, 아무리 버터를 좋아하기로서니 평소 버터 때문에 술집을 고르지는 않았던 우리 셋은 휴대전화로 여기저기 술집에 전화를 걸어 확인한 끝에, 레이즌 버터 맛은 자신 있다고 대답한 아카사카의 어느 가게로 몰려갔다. 두툼하고 네모나게 잘린 그것은 하루의 식사를 마무리 짓기에 더할 나위 없는 먹거리였다.

## 있을 곳이 있다는 기분

　작년 여름에 야광충을 보았다. 처음 보는 것이었다. 그런 생물이 있다는 것조차 몰랐던 탓에 한참을 바라보았다.
　야광충은 바다에 사는 플랑크톤으로, 물이 흔들릴 때 초록색으로 빛난다. 한밤중에 조그만 배를 저어 바다로 나갔는데, 초록빛이 부서지는 물결 모양으로, 마치 반딧불을 뿌려놓은 것처럼 뱃머리에서 흘렀다. 육안으로는 보이지 않을 만큼 작은 생물체라는데, 이렇게 빛나려면 야광충이 몇천, 몇만이나 있는 것일까. 물속에 손을 넣으니 손의 윤곽이 희미한 초록색으로 빛났다. 손이 가르는 물의 흐름을 따라 그 빛도 흐른다. 손이 물에 녹아드는 것 같았다. 하늘도 바다도 깜깜한 어둠 속에서.
　나는 어둠을 좋아한다. 어둠 속에서는 눈과 마음이 더욱 맑아져 사물이 분명하게 보이는 기분이다. 물론 이건 역설에 가깝다. 어둠 속에서는 아무리 작은 물체라도 빛이—그 형태까지—분명하게 보인다. 나는 그런 빛을 좋아한다.

도쿄에서 태어나고 자란 탓인지, 나는 빛이 없는 어둠을 모른다. 잠들기 전에 불을 끄면 창밖이 너무 밝아 놀란다. 가로등이 곳곳에 켜져 있는 까닭에 하늘은 희뿌연 묘한 색이 되고, 구름이 또렷하게 보인다. 방 안의 어둠이 오히려 더 짙다.

나는 주로 밤에 생활하기 때문에 밤에도 곧잘 나다닌다. 내게 밤은 밝은 것이다. 뭐랄까, 정신적으로 그렇다. 야광충과 똑같다. 술집 카운터의 간접 조명이나 폭죽놀이를 하러 샌들을 신고 밖으로 나갈 때 들고 가는 양초처럼, 어둠 속에서는 조그만 불빛도 정말 밝게 빛난다. 그리고 그 밝음이 마음을 어루만져준다.

미국의 시골 동네에서 학교를 다니던 시절, 밤중에 슈퍼마켓에 가면 안도하곤 했다. 거대한 주차장, 눈이 따가울 정도로 휘황찬란한 불빛, 엄청난 양의 식료품. 나는 아주 오래 거기에 머물렀다. 색깔이 선명한 채소와 과일을 바라보고, 질릴 정도로 빽빽하게 진열된 통조림의 라벨을 하나하나 읽고, 끝도 없이 쌓여 있는 쿠키 상자에 눈이 휘둥그레지고, 거대한 우유병과 아무렇게나 놓여 있는 돼지머리 사이를 거닐었다. 진열된 수백 개의 카드를 일일이 다 읽고, 화장지 포장이나 가격을 비교했다. 거기에 가면 무엇이든 있었고, 몇 시에 가든 문이 열려 있었다. 어둡고 쓸쓸한 시골길에는 아무것도 없었지만, 그런

길을 자동차로 15분쯤 달리면 그 슈퍼마켓에 갈 수 있었다. 적어도 거기에는 사람이 있고, 생활이 있었다. 바깥의 어둠으로 쏟아져 나오는 하얀 빛, 그 인공적인 아름다움은 나를 안심시켜주었다.

요즘은 메구로 거리 인근에 있는 패밀리 레스토랑의 불빛과 새벽까지 열려 있는 롯폰기 거리의 북 센터 불빛에 위로받는다. 남편과 밤중에 말다툼을 하고는 앞뒤 생각 않고 뛰쳐나가 걸어 다닐 때, 그 두 곳의 불빛은 피난처의 표식으로 내 눈에 날아든다. 어쩔 수 없이 발길이 그곳으로 향한다. 그야말로 빨려 들어가는 느낌이다. 불빛은 넘쳐나는 유혹으로 사람에게 있을 곳이 있다는 기분을 들게 한다.

나는 운전을 하지 않지만 밤중에 고속도로를 달리는 것은 무척이나 좋아해서 곧잘 택시를 탄다. 양쪽에 높은 방음벽이 있는 장소를 특히 좋아한다. 가로등이 뿌리는 동그랗고 하얀 빛과 잠든 아기 그림이 그려진 간판이 휙휙 뒤로 사라진다.

다이코쿠 부두에 놀러 가는 것이 취미였던 적이 있다. 5년쯤 전이다. 다이코쿠 주차장은 도쿄에서 요코하마로 가는 도중에 있는 거대한 주차장으로, 주말 밤이면 젊은이들로 북적거린다. 바로 밑에 있는 도로에서는 카 레이싱도 하기 때문에 개조한 차들이 많다. 차를 자랑하고 싶은 사람들의 모임터란다. 과

연 신기한 모양의 차, 귀청이 떨어질 것처럼 큰 소리를 내며 달리는 차들이 있었다.

내가 좋아한 것은 그곳의 밝음이었다. 철저하게 인공적인 밝음, 하얗고 당당하게 빛나는 휘황찬란한 빛. 밤중인데도 사람들이 많고, 모두들 집에 돌아가고 싶어 하지 않는다.

있을 곳이 있다는 그 느낌.

한동안 습관이 되었다. 차를 자랑하거나 친구들과 놀기 위해 가는 것도 아니고, 연인을 만나는 것도 아니고, 멀리 가는 길에 들러 쉬려는 것도 아닌데 택시를 타고 거기까지 간다는 것은 역시 좀 이상하다. 하지만, 딱히 발을 잘못 들여놓았다는 느낌은 없었다. 누구도 거부하지 않는 분위기가 거기에는 분명 있었다고 생각한다.

가령 머리에 물을 들이거나, 오토바이를 타고, 이상한 약을 먹어보거나 남자애들이랑 어울려 놀다가 근신, 혹은 정학 처분을 받는 것을 불량하다고 한다면, 나는 학교에 다닌 20년 가까운 세월 동안 한 번도 불량했던 적이 없다. 하지만 본질적인 의미에서 나는 언제나 불량했고, 지금도 물론 불량하다. 어른이 되어서야 그렇다는 걸 깨달았다. 불량은 빛을 좋아한다. 빛에 안도한다.

생각나는 일이 있다.

I 비가 세계를 싸늘하게 적시는 밤

어렸을 때, 부모님 말을 듣지 않은 벌로 마당에 쫓겨난 적이 있었다. 엄마 아빠는 문이란 문은 물론, 창문까지 다 잠가버렸다. 오기를 부리느라 태연한 척했지만, 어둠에 싸인 몸으로 바라본 창문 너머 집 안의 불빛ー여느 때와 다름없는ー은 까마득하게 멀고, 희미하게 들리는 텔레비전 소리마저도 한없이 애틋했다.

어른이 된 지금은 아무도 나를 어둠 속으로 내쫓지 못한다. 정확하게 말하면 거의 아무도, 지만.

## 비가 세계를 싸늘하게 적시는 밤

　나는 태풍을 좋아한다. 불온한 바람이 불 때를 좋아한다. 여름의 흔적을 품은 바람은 탁하고 뜨뜻미지근하다. 하늘은 회색과 검은 자주색을 섞어놓은 듯한 색감이고, 첫 빗방울이 떨어지기 전부터 물과 먼지의 텁텁한 냄새가 벌써 자욱하다.

　곧 비가 좍좍 쏟아진다. 정말 좍좍, 시원스러울 만큼 기운차고 과감하게 쏟아진다. 때로 빗발이 약해지지만 절대 그치지는 않는다. 밤새 비가 내린다. 바람도 윙윙 몸부림치고 울부짖으며 갖가지 소리를 낸다. 휘잉, 휘익, 휘리리릭.

　나와 동생은 해마다 태풍을 애타게 기다린다. 태풍이 몰아치는 밤에는 세상이 평소와는 다른 얼굴을 보여준다. 비바람을 맞는 집들 하나하나가 마치 살아 있는 물체처럼 징그러워 보인다. 어린 시절에는 태풍이 오면 덧문을 꼭꼭 닫았다. 덧문은 창살이 전부 나무로 되어 있어 온 방에 눅눅한 냄새가 고였다. 그리고 마침내 그것이 온다. 그것이란, 바로 정전이다. 태풍의

클라이맥스다. 나와 동생은 일부러 어른들이 없는 방에 가서 양초를 준비해놓고, 이제나저제나 하고 그것을 기다렸다.

　세계가 어둠이 되는 그 순간.

　불이 꺼지면 소리와 냄새가 선명해진다. 우리는 창문을 열고 비바람을 바라본다. 감각이 활짝 열리고, 그렇게 밖을 내다보면 몸은 방 안에 있는데 감각만 두둥실 바깥으로 나가 비에 흠뻑 젖는다. 시원하고 상쾌해서 그만 웃음을 터뜨리고 만다.

　태풍은 우리 자매의 여름을 보내는 의식이었다.

## 우아한 따분함

초등학생 때 〈심심풀이 신문〉이란 것을 만들었다.

"할 일 없으면 신문이라도 만들거라."

아빠가 그렇게 제안했다. 기묘하다면 기묘한 제안이지만 학교에 가지 않는 날 심심하다고 칭얼거리며 매달리는 딸에게서 어떻게든 해방되고 싶은 아빠가 짜낸 묘안이었을 것이다.

그러나 천성이 꼼꼼하고 뭘 한 가지 시작했다 하면 끝을 봐야 하는 아빠는 모조지를 꺼내 칸을 나누고, 기사 제목을 정하고, 제목 칸에 줄무늬로 배경을 그리고 '심심풀이 신문'이라는 제목을 흰색으로 칠하는 등, 막상 시작하고 나자 손을 떼지 못해 해방은커녕 괜한 시간을 할애하게 되었다.

기사 내용은 주변에서 일어난 일로, 기념비적인 제1호의 제1면 기사는 '할아버지 돌아가시다'였다. 그 몇 달 전에 할아버지가 돌아가셨던 것이다. 그 외에 갓 태어난 동생이 성장하는 모습, 키우던 닥스훈트에 관한 일 등을 썼다. 신문에는 광고란도 있었다. '안드리 소프트 아이스크림' 등, 동네 가게를 내 멋대로 선전했다. 나는 그 작업에 열중했고 〈심심풀이 신문〉은 그 후 몇 호에 걸쳐 발행되었다. 그럴 때마다 아빠는 모조지를 꺼내 칸을 나누고, 신문 제목을 그리는 신세를 면치 못했다.

그런 놀이만 한 것 같다. 나는 별것 아닌 일에만 열중하는 아이였다. 별것 아닌 것, 소소하지만 행복한 것.

나는 소소하지만 행복한 것에 무척 욕심이 많다. 언제나 그런 것들을 필요로 한다. 그래서 휴가라는 개념도 별로 없다. 휴가는커녕 토요일과 일요일에도 일을 한다. 그렇잖은가. 만약 주말이나 휴가 때 놀기 위해서 다른 날 일을 해야 한다면, 그 '다른 날'이 너무 많아 괴로워진다.

나는 하루하루를 한결같이 즐겁게 살고 싶다. 곰돌이 푸처럼. 푸는 멋지다. 맛있는 꿀과 친구와의 교류, 그는 그 조촐한 즐거움을 위해 노력을 아끼지 않는다. 『곰돌이 푸』 이야기는 소소하지만 행복한 것으로 가득하다.

제목도 저자의 이름도 전혀 생각나지 않는데, 언젠가 읽었던 책 중에 이런 말이 있었다.

'온갖 쾌락 뒤에, 잔다는 쾌락이 아직 남아 있다.'

이건 거의 내 삶의 신조다. 뒤집어 말하면, 가령 어떤 우울한 날에도 최소한 '잔다'는 쾌락은 있는 셈이다. 우선순위의 문제라고 생각한다. 행복이나 쾌락에 어느 정도 무게를 두는가 하는.

　가령 내 동생. 그녀의 우선순위는 나보다 훨씬 명확하다. 오랜만에 통화를 하다 보면 그녀는 내리 나를 혼낸다.

"여보세요, 잘 지내?"

"응, 잘 지내지."

"뭐 하는데?"

"일."

"일?"

　이런 때, 동생은 한껏 경멸스럽다는 목소리로 말한다.

"일 같은 걸 왜 해? 그만하고 내일 해. 내가 그만하라고 해도 그만둘 수 없는 일이야?"

　나는, 설마, 하고 대답한다.

"설마. 알았어, 내일 할게."

"그래."

　동생은 안심한 목소리로 말한다. 물론 내가 괜히 '태연한 척' 하고 있다는 것을 동생은 안다. 아니까 "바쁘면 됐어" 하고 덧붙여 말한다.

　바쁘다는 것은 나쁜 일은 아니지만 여유 없어 하는 것은 부끄러운 일이라고 생각하는 우리는 '태연한 척'에 경의를 표한다.

　'태연한 척'도 우아함의 일부라고 생각한다.

## 음악에 대해

  음악은 내 생활에 없어서는 안 되는 무엇이다. 내게 음악적 재능은 없다. 악기를 다룰 줄도 모르고 작곡도 못한다. 하지만 그렇기에 음악 앞에 순순하고 완전하게 열린, 무저항 상태로 있을 수 있다고 생각한다. 음악은 비처럼 내게로 내려온다. 아름답게.

  10년쯤 전에, 어느 여성 작가를 만났다. 힘차고 농밀한 문체를 구사하는 작가이자 아름다운 여자인 그녀는 그날, 시원스러운 표정으로 그라파를 몇 잔이나 마셨다. 당시 소설을 쓰며 살기로 막 결심했던 20대 중반의 나는 그녀의 박력에 함빡 빠졌다.

  "일을 할 때에는 아무튼 에너지가 필요하니까, 음악이 없으면 안 돼."

  그녀가 말했다.

  "요즘에는 굴드를 들으면서 쓰는 일이 많지."

굴드. 나는 놀랐다. 그렇게 긴박하고 그렇게 정열적이며 그렇게 숨 막히는 음악을 들으면서 일을 한단 말이지. 굴드의 피아노에 맞버틸 수 있는 긴장감과 집중력과 마음의 힘으로.

당시의 내 눈에 그 상황은 멋짐과 애처로움 사이 정도로 비쳤다. 두려움과 선망 사이쯤으로. 얼마나 소모가 클까. 그런 식으로 벼랑 끝에서 자신을 채찍질하다니. 하지만 무언가를 창조한다는 것은 원래 그런 일이다.

나는 글을 쓸 때 음악을 듣지 않는다. 그러나 생활에 음악이 절대적으로 필요하다고 느끼는 까닭은, 글을 쓰기 위해서라고 바꿔 말할 수도 있을 듯하다.

음악은 일종의 'drug'라고 생각한다. 신경을 곤두서게도 하고 가라앉히기도 한다. 언어로는 닿을 수 없는 장소와 접한 듯한 기분이 들고, 마음이 어지러워진다.

음악을 듣고 싶어 하는 것은, 많든 적든 마음을 흐트러뜨리고 싶은 욕망이다. 무엇을 위해서? 아마도 자신의 진동에 귀 기울이기 위해서. 누군가가, 또는 무언가가 휘젓지 않는 한, 어떤 악기도 소리를 내지 않는다. 무언가를 표현하려는 행위는 스스로 악기가 되는 일이며, 그것이 싸구려든 장난감이든 소리가 나쁘든 망가졌든, 악기인 이상 소리를 내는 것 말고는 할 일이 없다.

내 친구 중에 아침에 듣는 음악과 낮에 듣는 음악, 그리고 밤에 듣는 음악을 완벽하게 구분하는 사람이 있다. 그의 말에 따르면, 조금만 들어도 금방 구분할 수 있다고 한다. 이건 아침용, 이건 낮용, 이런 식으로. 기분이나 취향의 문제겠지만, 내게는 그런 그의 모습이 무언가를 통제하려는 시도처럼 보이기도 한다. 아침에는 반드시 우유를 마신다든지 술은 밤에만 마신다고 정하는 것과 비슷하게.

다만 한 가지 곤란한 것은, 하고 그 친구는 말한다. 다만 한 가지 곤란한 것은, 음악이 사방에 넘치니까 말이야. 밤에 들어야 할 음악이 한낮의 거리에서 흐르기도 하고, 밤인데 술집에서 아침용 음악을 틀어놓곤 한다니까. 그럼 기분이 굉장히 나빠. 화가 난다고 할까, 불쾌해져.

음악을 즐기는 방식은 저마다 다르다. 내가 개인적으로 즐겨 듣는 것은 카라얀의 'Romantic'이란 타이틀의 앨범으로, 특히 마스카니의 〈카발레리아 루스티카나〉로 시작될 때의 그 분위기를 좋아한다. 그다음 오펜바흐와 차이코프스키로 이어지는, 물 흐르듯 아름다운 곡만 열두 곡 담겨 있는 이 앨범은 바그너로 끝난다.

16세기에서 18세기에 발표된 오르간 곡만 모여 있는 'Die Kleinorgel'이란 타이틀의 앨범도 좋아한다. 싸늘하고 고요한 냄새가 난다.

가을에 동생과 북유럽을 여행했을 때, 스웨덴의 한 소도시에서 묵었던 호텔은 시내 중심에서 상당히 떨어져 있었다. 녹음이 무성한 전원에 위치한 체류형 호텔이었는데, 택시를 타면 시내까지 20분 정도 걸렸다. 택시도 많지 않은 곳인 터라 걷는 것을 좋아하는 동생과 나는 매일 걸었다. 시내까지 한 시간, 치안은 좋아도 녹음이 짙어서 밤에는 어둡고 호젓한 길이었다.

"노래 부르면서 걸으면 괜찮아."

동생이 그렇게 말해 우리는 노래를 불렀다. 하지만 동생과 나는 나이가 여섯 살이나 차이 나는 탓에 부르는 노래가 다르다. 결국 동요와, 어째서인지 체커스80년대를 풍미한 일본 아이돌 그룹—옮긴이의 노래를 불렀다. 녹음 짙은 밤길에서.

노래를 부르면 정말 기운이 나는 듯하다. 용기가 샘솟는다고 할까, 발랄해진다고 할까.

그때 생각났는데, 우리 아빠는 콧노래를 싫어했다. 부엌에서 엄마가 노래를 흥얼거리면 인상을 찌푸렸다. 품위 없는 행동이라고 여기는 것 같았다. 내가 노래하면 혼을 냈다. 그런 아빠도 산책을 나서면 때로 휘파람을 불었다. 아주 어렸을 때, 아빠 어깨에 목말을 타고서 해 질 녘에 듣는 휘파람 소리는 쓸쓸하다고 생각했던 기억이 난다. 밤에 들으면 신 난다고 생각했던 것도.

음악에는 다양한 효능이 있다.

신디 로퍼를 들으면 소중하고 특별한 여자 친구와 밤새 수다를 떨고 난 후처럼 시야가 탁 트이고, 로드 스튜어트는 옛 연인처럼 다감해서 눈물이 난다.

어떤 음악이 특정한 시간과 장소, 또는 사건과 연결되는 일도 있다. 기억이란 완강한 것이라서, 음악을 들을 때마다 단박에 밀려와 현재를 위태롭게 한다.

또는 보다 직접적으로 가사에 끌리거나 위로를 받는 일도 있다. 뮤지컬 넘버 중에 칼리 사이먼이 노래한 〈By Myself〉나 하이포시라는 묘한 듀오의 〈너의 모든 게 다 좋아〉, 수잰 베가의 〈Tom's Diner〉, 나가부치 쓰요시의 〈울어 양아치〉는 곡도 좋지만 먼저 가사에 감동받는 경우였다. 〈By Myself〉의 가사는 이렇다.

> I'll go my way by myself, this is the end of romance.
> I'll go my way by myself, love is only a dance.
> I'll face the unknown, I'll build a world of my own;
> No one knows better than I, myself, I'm by myself alone.

위안을 주는 것 중에는 환경 음악이라는 것도 있다. 이상한 용어다. 이 장르의 음악에 대해 나는 회의적이라고 할 수 있는데, 어떤 음악이 귀―또는 신경―에 좋은지는 개인의 영역이라고 생각하고 싶다. 다만 공급이 있다는 것은 수요도 있다는 뜻일지도 모르겠다.

어린 시절, 엄마와 아빠는 늦은 밤 거실에서 레코드를 틀어놓곤 했다. 음악은 재즈일 때도 있고 샹송이거나 하와이안일 때도 있고, 〈돌아온 주정뱅이〉일 때도 있었다. 밤중에 어쩌다 눈을 떠 살금살금 거실로 가면, 그곳이 여느 때와는 전혀 다른 장소처럼 보였다. 불빛이 유난히 밝고, 엄마와 아빠는 기분이 좋고, 술과 단출한 안주 냄새가 났다.

음악은 늘 곁에 있었다. 비처럼 내려와 느끼고 생각하기 전에 내게 스며든다. 음악에서 힘을 얻기도 하고 동요하기도 하면서 마음이 움직인다. 그 결과 어떤 에너지가 생긴다. 내일도 또 어떻게든 살아갈 수 있도록.

## 외국의 놀이공원

 어렸을 때부터 운동을 싫어했다. 그러나 올림픽에는 관심이 컸다. 나는 올림픽을 관전하지 않고 관찰한다.
 좋아하는 종목은 유도다. 야무진 운동이다. 수영도 좋아한다. 그 멋지고 아름다운 동작으로 물을 헤치고 나아가는 선수들을 보며 한숨을 쉰다. 그 사람들은, 동물은 원래 바다에서 생겨났다는 까마득한 사실을 나보다 훨씬 수월하게 이해하고 있나 보다고 생각한다. 체조를 보면 인간의 몸이 저렇게 아름답고 군더더기 없는 형태를 하고 있나 싶어 놀라고, 육상을 보면 인간이 지닌 야성에 허를 찔린 듯한 기분이 든다.
 다양한 나라의, 다양한 모습의, 다양한 체형을 지닌 사람들이 모인다. 갖가지 국기, 갖가지 언어, 희로애락의 갖가지 표현법. 그것만으로도 올림픽은 흥미롭다.
 모두들 아주 어렸을 때부터 몸을 움직이는 것을 좋아했을까, 하는 생각도 한다. 그 운동을 좋아한 탓에, 또는 남보다 뛰어

나게 잘한 탓에, 그렇지 않은 사람들은 상상도 할 수 없을 만큼 행복하기도, 불행하기도, 자랑스럽기도, 고통을 이겨내기도 했으리라.

가령 나처럼 운동과는 무관한 나날을 살아온 사람들에게, 혹은 무관한 나날을 살게 되거나 스포츠 세계에서 살게 될지도 모르는 어린이들에게, 올림픽은 박람회이자 표본 시장이며 미지의 세계 지도다.

2000년 올림픽에서는 28경기 300종의 종목이 펼쳐진다고 한다. 나는 태권도나 수구 등의 스포츠는 올림픽 때가 아니면 보는 일이 없다. 하키나 보트, 컬링도 그렇다.

외국의 놀이공원에 놀러 가는 것처럼, 가슴 설레는 사건이 아닌가.

## 뒤집힌 현실

 현실과 그 바깥, 즉 일상과 그 바깥은 양말과 마찬가지로 금방 휙 뒤집힌다. 그러면 조금 전까지 현실이라 여겼던 것이 갑자기 비현실이 되고, 비현실이라 여겼던 것이 천연덕스럽게 현실이 된다. 일상이라 여겼던 것이 갑자기 비일상이 되고, 비일상이라고만 여겼던 것이 당당하게 일상이 된다. 그런 상황이 오면 놀라거나 난감해할 것이 아니라, 헉 하고 조그맣게 중얼거리고는 아무 일도 아니라는 듯 받아들일 수밖에 없다. 마치 꿈에서 깨어날 때처럼.

 초여름에 독일에 갔을 때 일이다. 쾰른은 고풍스럽고 우아한 도시였다. 특히 나무들의 아름다움이 내 눈길을 사로잡았다. 흔들리는 바람에 연두색 이파리 하나하나가 섬세하게 몸을 떨었다. 도시 한가운데에서 장이 열렸는데, 나는 매일 아침 그곳으로 산책을 갔다. 색감이 선명한 과일과 채소, 헌 옷에 헌책, 망가진 장난감, 앤티크 액세서리, 꽃, 그릇, 카세트테이프. 눈부시게 갠 하늘 아래 광장을 천천히 걷는다.

과일 가게의 뚱뚱한 아줌마도, 벤치에서 신문 읽는 아저씨도, 라디오를 들으면서 반지를 파는 아가씨도, 의심의 여지 없는 현실로 거기에 있다. 어제도 있었고 그제도 있었다. 내일도 있을 것이고 모레도 있을 것이다. 지금의 내게는 이들이야말로 실제로 존재하는 사람들이고, 도쿄에 있는 사람―친구와 가족과 조후 역 앞에서 다코야키를 파는 아줌마―은 모두 가공의 인물이다. 그런 사람들이 정말 존재하다니, 어떻게 믿을 수 있을까. 도쿄라는 장소가 실제로 있는지조차 의심스러운데. 전부 꿈속이다. 그렇게 생각했다.

북아프리카를 여행할 때는 밤이면 밤마다 독한 술을 마시고는 다 같이 벨리 댄스를 추었다. 꿈틀꿈틀 허리를 움직이고 웃으면서 몇 시간이나 추었다. 우울할 일이 어디 있느냐, 이렇게 즐겁고 재미난데, 하는 얼굴을 하고서. 그때도 나는 이렇게 생각했다. 이 달콤하고 독한 술이야말로 현실이다. 벨리 댄스야말로 현실이다.

현실 따위는 정말이지 금방 뒤집힌다.

내게는 언젠가 가보고 싶은 현실이 있다. 한번 가면 돌아오지 않을 거라 조금 두렵지만, 그래도 줄곧 가보고 싶은 장소다. 그곳은 아이디아쓰 iDEATH 근처, 마가렛과 프레드와 인보일이

사는 장소다. 그곳은 '어딘가 모르게 위태롭지만 미묘하게 평형이 유지되고 있다'. 차갑고 맑은 강물이 흐르고(강에는 숭어가 있다고 한다), 수박 밭이 있고, 강에도 밭에도 다리가 있다. 다리는 나무나 돌, 또는 수박으로 만들어져 있다.

그곳이 어떤 장소인지, 실은 나도 잘 모른다. (알고 싶은 분은 리처드 브라우티건의 『워터멜론 슈가에서』를 읽어보세요.) 하지만 나는 꼭 그곳에 가보고 싶다. 무턱대고 이탈리아의 끝 몬테로소에 가고 싶어 하는 고양이<sub>에쿠니 가오리 동화 『몬테로소의 분홍벽』에 등장한다―옮긴이</sub>를 본 적이 있는데, 그 고양이에게는 몬테로소가 내가 가고 싶어 하는 아이디아뜨 같은 장소인지도 모르겠다.

## 옆에 있어주었다

밀라노는 날씨가 나빴다. 묵었던 호텔에서 악몽을 꾸었다. 꿈속에서 나는 그 호텔의 그 침대에서 자고 있었다. 눈을 떴는데, 침대 다리 맡에 어떤 여자가 서 있었다. 꿈속에서 나는 무서워 눈을 꼭 감고 다시 잠들었다가 다른 꿈을 꾸었다. 이번에는 내가 도쿄에 있고, 당시 살았던 집 근처를 달리고 있었다. 무언가에 쫓기고 있는지 몹시 허둥댔다. 집에 도착하자마자 현관으로 뛰어 들어가 문을 잠갔다. 아, 살았다, 하고 생각했다. 그런데 신발을 벗고 복도로 올라서서 문득 뒤를 돌아보니, 그 여자가 또 거기 서 있었다. 왜! 어떻게? 나는 마음속으로 외쳤다.

"어떻게 왔을까요?"

여자가 곧바로 대답했다. 미소를 머금은 목소리였다.

나는 놀라고 겁에 질려 번쩍 눈을 떴다. 거의 제정신이 아니었다. 나는 밀라노의 살풍경한 호텔, 커다란 침대 위에 있었다.

공포는 좀처럼 가시지 않았다. 어디서부터가 꿈인지 도무지 판단이 안 되었다. 잠에서 깬 후에도 방 전체가 꿈의 연속인 것 같아 무서워서 어쩔 줄을 몰랐다. 움직일 수도 없었다.

밀라노에는 일 때문에 갔다. 동행한 편집자 몇 명과 같이 아침을 먹기로 한 시간까지, 나는 꼼짝 않고 있었다. "어떻게 왔을까요?" 하는 그 여자의 목소리가 머리에서 떠나지 않았다. 꿈이라 하기에는 모든 것이 너무 선명했다.

그날은 종일 우울했다. 하루분의 취재가 끝나면 또 그 방으로 돌아가야 한다. 그 생각을 하면 소름이 끼쳤다. 저녁을 먹는 자리에서 더는 견딜 수 없어진 나는 지난밤 이야기를 꺼냈다. 식사를 함께한 편집자—아름다운 청년이었다—는 걱정하면서 복도에서 헤어질 때 이렇게 말해주었다.

"오늘 밤에도 무슨 일 생기면 제 방으로 전화주세요. 언제든지요."

진심이라는 것을 알 수 있었고, 그렇기에 진심으로 고마웠지만 그 말은 조금도 현실적이지 않았다. 아무리 그래도 그렇지, 깊은 밤 그의 방으로 전화를 걸어서 이렇게 말할 수는 없지 않은가.

"너무 무서워서 그런데, 아침이 될 때까지 옆에 있어주세요."

그리고 아침까지 옆에 있어주지 않으면 아무 도움 안 된다.

방 안은 지난밤과 조금도 다르지 않은 공기로 가득 차 있었다. 나는 공포에 짓눌려 숨이 막힐 것 같았다. 아무튼 그곳에서 벗어나고 싶었다. 그래서 일본으로 국제 전화를 걸었다. 친구들에게, 일일이.

첫 친구가 전화를 받은 순간, 그 반가운 목소리를 듣고서 나는 울어버리고 말았다. 사정을 이야기하자 친구는 웃으면서 한참이나 같이 수다를 떨어주었다. 전화 저편에서 내가 아는 장소의 기척이 느껴졌다. 더구나 대낮이다. 그곳에서 밀라노 호텔의 악몽 따위는 옛이야기처럼 멀고 현실을 떠나 있었다.

나는 잇달아 다른 친구에게 전화를 걸었다. 끊고는 다시 걸고, 끊고는 또다시 걸었다. 모두들 일하는 중이라 바쁜 것 같았지만 "뭐! 밀라노에서 거는 거야?" 하고 괴성을 질렀고, 나는 그 목소리를 듣는 것만으로도 안도했다. 나는 조금씩 안정을 되찾았다. 그리운 목소리 하나하나가 내 신경을 어루만지고 치유해주었다.

그렇게 아침이 될 때까지 계속 국제 전화를 걸었던 그 밤을, 평생 잊지 못할 것 같다. 밤새도록 곁에 있어주었다. 가까이에 있는 사람이 할 수 없는 것을 멀리 있는 사람들이 번갈아 해주는, 그런 상황이 있다는 것을 나는 처음 알았다.

## 그 도시의 저력

한동안 뉴욕에 가지 않았다.

이렇게 쓰기만 했는데도 피부가 그 도시의 공기를 기억해내고 만다. 무엇보다 피부로 좋아하게 된 도시다. 보고 만지고 생각해서가 아니라, 도시의 소리와 냄새와 분위기와 기운 같은 것을 느낌으로써.

아주 오래된, 멋진 책방이 있다.

밝고 웅장한 미술관이 있다.

아름다운 다리도 많다(다리! 다리는 실제로 나를 매료한다).

맛도, 분위기도 좋은 레스토랑도 있다.

영어가 통하지 않는, 색채가 묘한 지역도 있다.

그리고, 역.

미국의 기차역은 유럽 대부분의 역만큼 우아하거나 아름답지도 않고, 오랜 역사나 박력이 있지도 않다. 천장도 그리 높지 않다. 하지만 기능적이고 그 나름의 역사가 있으며 다양한 이야기가 배어 있고 굉장히 멋지다. 커피와 도넛 냄새가 난다.

　뉴욕은 아주 반듯한 도시라고 생각한다. 반듯하다는 것은 당연한 일이 당연하게 행해진다는 의미다. 뉴욕에는 바다도 있고 숲도 있고 콘크리트도 있다. 수많은 마천루 사이에 오래된 건물이 번듯하게 섞여 있고, 아주 일상적으로—이 점이 중요하다. 아주 일상적으로—제 역할을 하고 있다. 그 올바름, 그로부터 오는 안도감. 그 점은 아마도 바쁜 사람이나 한가로운 사람이나, 부자나 가난뱅이나, 노인층이나 젊은 층이나, 모두가 자신의 보폭으로 느긋하게 걸을 수 있는 도시라는 점과도 연관될 것이다.

　사계절이 전부 좋지만, 한여름과 한겨울이 특히 좋다.

　한여름의 그 도시. 넘치는 햇살, 풍요로운 숲. 공기 입자 하나하나가 놀라우리만큼 생기발랄하다. 큰길에서는 믹서에 간 과일을 그대로 얼린 듯한 아이스 캔디를 판다. 수박 캔디에는 갈린 씨까지 들어 있다.

　한겨울 그 도시의 메마른 공기, 갈 길을 서두르는 행복한 걸음걸음. 무수한 빛, 코트, 선물 꾸러미, 크리스마스 캐럴. 따스하고 넉넉한 밤. 사랑이라는 말이 미심쩍지 않은 점이 한겨울 그 도시의 저력이라고 생각한다.

　그만 인생을 좋아하게 되고 만다.

## 델라웨어 주 뉴어크 래드클리프 거리 409번지

아무것도 없는 시골이었다. 책방과 이발소가 한 군데씩, 자동차가 없으면 도무지 불편하기 짝이 없었다. 제일 가까운 빵 가게도 걸어서 족히 30분은 걸렸다. 허름한 디스코장이 한 군데, 햄버거 가게도 한 군데. 하지만 넓은 길에는 아름드리나무가 수도 없이 흔들리고, 계단과 잔디밭의 벤치 등 책을 읽거나 쿠키를 먹을 장소는 충분했다. 한없이 이어지는 똑바른 선로와 설비를 제대로 갖춘 도서관이 있었다.

나는 그곳에서 1년 동안 살았다. 새로운 종류의 수많은 사람을 만났고, 언어를 재발견했고, 사랑을 했다. 때로는 시끌시끌하게, 때로는 고독하게.

그 후, 이 장소의 주소를 고스란히 제목으로 삼은 소설을 써 상을 받으면서 글을 쓰는 일이 업이 되었다. 지금의 내 생활을 열어준 곳이라고 해도 좋고, 뒤죽박죽인 곳이라고 해도 물론 상관없다.

## 동그란 곤약과 빨간 벌레

3년 전에 처음으로 야마가타에 갔다. 초여름이었다. 바람이 부드럽고 색이 예쁜 곳이라고 생각했다. 지금 말한 색이란 온갖 것들의 색, 나무와 길과 자동차와 지붕과 사람과 물과 하늘과 간판의 색. 공기가 맑아서인지도 모르겠다. 나무와 꽃이 커다랗게 보였다.

여행을 좋아해서 때때로 떠나는데, 야마가타에는 가본 적이 없었다. 하기야 과일을 좋아하는 탓에 과일 산지로서의 야마가타는 내 머릿속 지도에 확실하게 표시되어 있다. 이 지도는 아주 개인적인 것으로, 시원한 온천이 있는 후쿠시마, 정말 좋아하는 친구가 있는 센다이, 맛있는 만주가 있는 오카야마 등 내게 좋은 것, 행복한 것이 있는 장소로만 구성되어 있다.

3년 전 그 초여름 후로 몇 번인가 야마가타에 갔는데, 지리에 서툰 데다 원래가 멍한 탓에 어디가 어디인지 도무지 알 수 없었다. 야마가타에 대해 원고를 쓰게 될 줄 알았다면 꼼꼼하게 메모해두었을 텐데. 하지만 단편적인 인상만은 상당히 선명하게 남아 있다.

야마가타에는 아주 이상한 것이 있다. 예를 들면 동그란 곤약과 빨간 벌레.

커다란 공원 옆에 있는 포장마차에서 큼지막하고 동그란 곤약을 막대기에 끼워 팔았다. 식감도 탱글탱글하고 맛도 있었지만 사준 사람이 겨자를 너무 많이 바른 탓인지 정말 매웠다. 간장 맛도 배어 있었다. 놀랐지만 눈물을 흘리면서 다 먹었다. 화창한 날의 공원에서.

그리고 빨간 벌레. 이 벌레는 마미가사키 강변에 산책하러 갔다가 보았다. 나는 연못이나 호수는 좋아하지 않지만 강은 무척 좋아한다. 물소리를 좋아하는 것이다. 튀는 물방울도 좋아한다. 다리도 좋아한다. 그래서 그날도 강가의 자잘한 돌 위에 앉아 물을 바라보았다. 저녁때였고, 하늘이 정말 아름다웠다. 15분쯤 있었을까. 일어나 치마를 털다 깜짝 놀랐다. 치마에 아주 조그맣고 빨간 벌레들이 잔뜩 붙어 있었다. 마치 가루처럼 작아서 처음에는 벌레라고 생각지 못했다. 치마를 잡아당겨 눈을 바싹 갖다 대고 관찰했다. 아주 조그만 벌레에 아주아주 조그만 다리가 돋아 있었다. 그렇게 예쁜 빨간색 벌레는 그때껏 본 적이 없었다. 깨끗하고 밝은 빨간색, 딸기 젤리 같은 색이었다.

 그 외에도 이상한 것이 있다. 야마가타는 유난히 장기 말이 많은 곳이다. 간판이나 젓가락 통, 귀이개 등 온갖 것이 장기 말 모양이다. 역도 그렇다. 전철에서 내리는 순간 눈이 휘둥그레졌다. 가장 어리둥절했던 것은 장기 말이 박혀 있는 보도였다. 50미터 간격인지 100미터 간격인지, 아무튼 보도에 장기 말이 박혀 있어 툭하면 걸음을 멈추고 생각하게 되니 앞으로 나아가지지가 않는다. 참 묘한 동네라고 생각했다.

 그곳에서 나는 처음으로 살구를 먹었다. 묵었던 여관의 계단에 꺾꽂이 수반과 함께 놓여 있었던 것이다. 옆에 '자유롭게 드세요'라고 쓰인 종이가 있어 먹어보았다. 비파보다 좀 크고 부드럽고 은은한 맛이 났다. 계단을 오르내릴 때마다 하나씩 먹었더니, 다음 날 아침 체크아웃할 때에는 바구니가 비어 있었다. 아닌 게 아니라 민망해서 사과했더니 여관 사람이 처음에는 무슨 소리인지 모르는 듯했다. 설명하자 괜찮다며 웃고는 오히려 빨갛게 익은 자두를 비닐 주머니에 잔뜩 담아 선물로 주었다. 기뻤다. 가방에 넣으면 뭉개질까 걱정스러워 비닐 주머니째로 들고 다녔다. 간혹 비닐 주머니 입구에 코를 대고 냄새를 맡았다. 자두는 큼지막하고 과즙이 넉넉했다. 시원하게 해서 먹었더니 깜짝 놀랄 만큼 맛있었다.

야마가타에서는 모든 것이 다 컸다. 처음에는 나무와 꽃이 커서 놀랐는데, 하늘도 도쿄에서 보는 하늘보다 훨씬 넓었다. 곤약도 컸다. 버찌와 딸기도 상당히 크다. 자두도, 된장국에 넣는 감자도. 야마가타에서 태어난 우리 남편도 키가 180센티미터다.

# 행복한 취미

① 올바른 욕망

스트레스란 말을 엄청 싫어한다. 내게 스트레스 따위는 없다고 생각한다. 먹는 것을 좋아하는 성격과 연관성이 있지 않을까 싶다. 나는 하루에 세 번, 맛난 것을 먹는다. 음식은 사람을 만든다. 육체적으로나 정신적으로나.

가령 불쾌한 일이 있어도 그냥 내버려두고 행복하게 밥을 먹는다. 술도 조금 마신다. 혼자서 먹으면 재미없으니까 저녁은 대개 누군가와 함께 먹는다. 나는 함께 식사할 사람이 웃을 정도로 뭘 먹을지를 심각하게 고민한다. 상대가 "뭐든 좋아"라고 말해도 나는 동의하지 않는다. "잠깐만. 지금 생각하고 있으니까. 좀 기다려줘, 반드시 생각해낼 거니까" 하고는 진짜 곰곰이 생각한다. 그럴 때 나는 내 몸이 필요로 하는 것에 진지하게 귀 기울인다.

그러고는,

'알았어! 장어야!'

하고 생각하거나

'채소야! 따끈하게 찐 채소를 듬뿍!'

하고 생각한다.

집에 있을 때는 대개 과일이 주식이기 때문에 외식을 할 때는 고기가 먹고 싶다거나 생선이 먹고 싶다고 열심히 생각한다. 빵이 먹고 싶다거나 쌀이 먹고 싶다고.

그렇게 욕망에 근거해서 먹으면 고기는 고기의, 생선은 생선의 단순하면서도 호화로운 맛이 난다. 빵은 빵의, 쌀은 쌀의 풍요롭고 특별한 맛이.

한 입 먹을 때마다 몸이 영양을 흡수하는 것을 느낀다. 그것은 순수한 기쁨이다. 피와 뼈와 마음에 생기가 차오른다.

중요한 것은 올바른 욕망이라고 생각한다.


② 안심에 대하여

강아지들은 어쩌면 그렇게 온몸과 마음을 다해 기쁨을 표현할까. '지금'이 전부라는 찰나적인 태도로 나날을 살아간다. 때로 나는 그런 강아지들의 체질에 위로받곤 한다. 강아지를 보면 앞일은 걱정해봐야 소용없다고 생각하게 된다.

나는 현재 강아지와 둘이 지내고 있는데, 강아지는 주인인 내가 옆에 있어만 주면 안심하는 것 같다.

"어떻게 안심할 수 있니?"

위기감에 쫓겨 간혹 그렇게 묻지 않을 수 없다.

"난 책임감도 없고 수입도 불안정하고 변덕스럽고 뭐든 대충대충 하고, 신뢰할 수 있는 사람이 아니야. 그런데 어떻게 그렇게 안심할 수 있는데?"

강아지는 그 말을 듣고도 모르는 척한다. 물과 밥과 산책과 주인, 그것으로 만족하는 것이다.

나 같은 사람을 신뢰하다니 어떻게 된 거 아냐, 하고 나는 생각한다. 하지만 동시에 그 신뢰에 보답하고 싶다는 생각도 한다. 괜찮아, 걱정 마, 하고.

중형견이라고는 하나 상당히 우람한 그는 힘이 세서 풀쩍 안겨들면 나는 휘청휘청 쓰러지고 만다. 외출하고 돌아왔을 때 그가 반가워하며 달려드는 바람에 종종 쓰러지면서 생각한다. 아, 요 녀석 하나분의 무게—12, 13킬로그램 정도—가 나를 버텨주고 있구나, 하고.

또 강아지는 현실적이라서 눈에 보이지 않는 것을 상상하고는 겁에 질리는 회로가 없다(아마도). 밤중에도 태연하고 기운차다. 나는 혼자 살아본 경험도 없고 무서움을 많이 타기 때문에 혼자 자는 것을 싫어하는데, 그의 커다랗고 따스한 몸이 옆에 있으면 안심하고 잠들 수 있다.


③ 욕실에서 떠나는 여행

나는 매일 두 시간 동안 목욕을 한다.

우리 부부가 집을 살 때 내가 원한 것은 딱 두 가지였다. 욕실에 창문이 있는 집, 욕실 벽이 합성수지가 아니고 타일인 집.

창문을 열어 바깥 공기가 들어오게 하고는—비 내리는 날에는 자잘한 빗방울이 날아든다. 수면에 빗방울이 떨어지는 풍경은 내게 작은 행복이다—욕조에 몸을 쭉 뻗은 채로 나는 언제나 책을 읽는다.

욕조에서 탐독하는 추리 소설. 실제로 그 이상의 행복은 없다. 프레드릭 브라운, 크레이그 라이스, T. J. 맥그리거, 페이 켈러만. 전부 욕조에서 읽었다. 조이 필딩도, 퍼트리샤 콘웰도.

책을 읽기 시작하면, 순식간에 다른 장소에 갈 수 있다. 그래서 좋다. 다른 나라, 다른 시간, 다른 사람들. 그것은 즉 여행이다. 욕실은 내가 무수한 여행을 떠날 수 있는 장소이기도 하다. 깊은 밤 욕조에서 책에 푹 빠져 있다가 어느새 날이 밝아버리는 일도 자주 있다. 바깥이 하얗고 환해서 욕실 불을 끄고는 또

다시 책을 읽기도 한다. 욕실은 불이 켜져 있을 때와 꺼져 있을 때의 느낌이 전혀 다른 장소다.

6년 반 전쯤, 내가 결혼해서 집을 떠나는 날 아침에 엄마가 현관에서 이렇게 말했다.

"이제 네가 욕실에서 물에 빠지지는 않았는지 아침마다 확인하러 갈 필요가 없겠구나. 정말 양서류 키우는 기분이었어."

욕실이란 아주 심플하게 생겼다. 군더더기가 전혀 없다. 나는 그래서 그 장소가 무척 푸근하다.


④ 사소한 노동

하면 정리되는 일을 좋아한다. 설거지나 빨래, 구두 닦기와 단추 달기. 정해진 순서를 따라 또박또박 해나가면 반듯하게 끝난다. '완벽하다'고 생각할 수 있다. 이는 정신 위생에 아주 좋다. 내 생활에서 이런 사소한 노동은 약간의 '생명 세탁'이다.

다만 청소는 완벽하게 끝나지 않으니까 이 범주에 들지 않는다. 끝이 없다. 사실은 전등갓도 닦고 싶은데, 서랍 안도 정리하고 싶고. 그렇게 생각하지만 다 할 수는 없다. 할 수 있는 만큼 하고는 일단은 이걸로 끝, 이라 생각한다. 그런 건 '생명 세탁'이 되지 않는다. '완전히 다 했다'고 생각할 수 있는지가 중요하다.

원고 쓰는 일을 포함해서, 세상 대부분의 일은 그렇게 생겨먹지 않았다. 또박또박 해도 깔끔하게 끝나지 않는다. 처음부터 또박또박 할 수 없는 일도 있다. 깔끔하게 끝날 수 없는데 해야 하는 일도 있다. 그건 해안이 없는 바다를 헤엄치는 거나 마찬가지다.

그래서 성취감이 있는 단순한 작업을 원한다. 기분이 좋으니까. 설거지, 빨래, 구두 닦기, 색칠 놀이, 반듯하게 깁기만 하면 되는 바느질거리(치마 밑단 감치기 같은 것). 이런 일은 하는 동안 집중할 수 있다. 아무 생각 안 해도 된다. 반드시 끝난다. 마음이 후련해진다. 게다가 일거리가 하나 정리된다. 이는 정신 안정 작용을 보장하는 과자를 먹는 것처럼 행복한 '취미'라 할 수 있다.

산책을 하거나 차를 마시는 것보다 그런 사소한 노동을 하는 편이 실은 좋은 기분 전환이 된다.

## 오피스 거리 피크닉

 버드나무 가로수는 예쁜 연두색 가지를 살랑거리고, 황거皇居를 빙 두른 해자의 물은 차분한 녹차 색으로 찰랑거리고 있다.
 나는 회사에 다닌 경험이 없기 때문에 오피스 거리와는 인연이 없다. 오피스 거리란 공기에 긴장감이 감도는 무서운 장소라고 막연하게 상상하고 있었다. 잿빛 빌딩의 숲, 찡그린 표정으로 다들 갈 길을 서두르는 곳이라는 식으로.
 그런데.
 우연히 지나게 된 마루노우치 오피스 거리—또 길을 잘못 들었다. 다케바시에서 오테마치를 지나, 도쿄 역으로 걸었다—는 초여름 공기 때문인지 한낮의 햇살 때문인지 화창하고 상쾌하고 조용하고 아름다웠다.
 유난히 숲이 많다고 생각했더니 황거였다. 도쿄에서 태어나고 자랐으면서 한정된 장소 외에는 거의 나다니지 않아 도쿄 지리를 잘 모르는 나는 신선한 기분으로 여기저기를 둘러보았다. 넓은 도로. 나는 넓은 도로를 좋아한다. 질서가 느껴지고 왠지 안심이 되어서.

정오가 되었다.

여기저기 건물에서 양복 차림의 남자와 유니폼 차림의 여자들이 정말 재미날 정도로 줄줄이 나온다.

한참을 걷다 보니 분수가 있는 광장 같은 것이 나왔다. 분수 속에 묘하게 생긴 하얀 오브제가 있고, 그 오브제에서 흘러나오는 물이 햇살에 반짝였다. 주위를 빙 둘러 벤치가 있고, 거기서 모두들 도시락이나 소프트아이스크림을 먹고 있었다. 마치 피크닉처럼 보이는 풍경이었다. 나는 갑자기 부러워졌다.

그래서 도시락을 사려고 긴 줄 끝에 섰다. 그 사람들 사이에 괜히 엉뚱하게 섞여 있는 것 같아 어색했지만, 밖에서 밥을 먹기는 오랜만이고 비둘기도 있어서 기뻤다.

옛날부터 나는 먹는 데 시간이 걸린다. 문득 정신을 차리고 보니 1시가 넘었다. 화창한 날의 분수 광장은 어느 틈엔가 사람들이 다 없어져 휑했다.

# 손수건

 손수건을 좋아해서 늘 지니고 다닌다. 어렸을 때부터 좋아했던 것 같다. 하얀 바탕에 토끼 그림이 그려진 것, 조그만 딸기 무늬, 한천처럼 갸름한 격자무늬(색은 상큼한 분홍) 등, 특히 마음에 드는 것은 지금도 갖고 있다.

 학생 시절, 쇼핑을 좋아했지만 돈이 없어서 손수건만 자주 샀다. 옷이나 구두는 비싸서 살 수 없어도 손수건 정도는 괜찮았다. 아이쇼핑을 실컷 한 후에 겨울이면 겨울다운 색상의, 여름이면 여름다운 느낌의 손수건을 한두 장 사는 것이 취미였다.

 얇고 하늘하늘한, 소위 '부인용' 손수건은 그리 좋아하지 않지만 가끔 예쁜 것이 눈에 띄었다. 가령 눈이 아릴 정도로 선명하고 짙은 분홍색 바탕에 하얗고, 짙고 옅은 파란 들꽃이 담겨 있는 손수건, 하얀 바탕에 하얀 물방울무늬와 조그맣고 파란 꽃이 흩어져 있는 손수건 등을 좋아해서 즐겨 사용하고 있다. 가장 많이 갖고 있는 손수건은 남녀가 두루 쓸 수 있는 것. 같

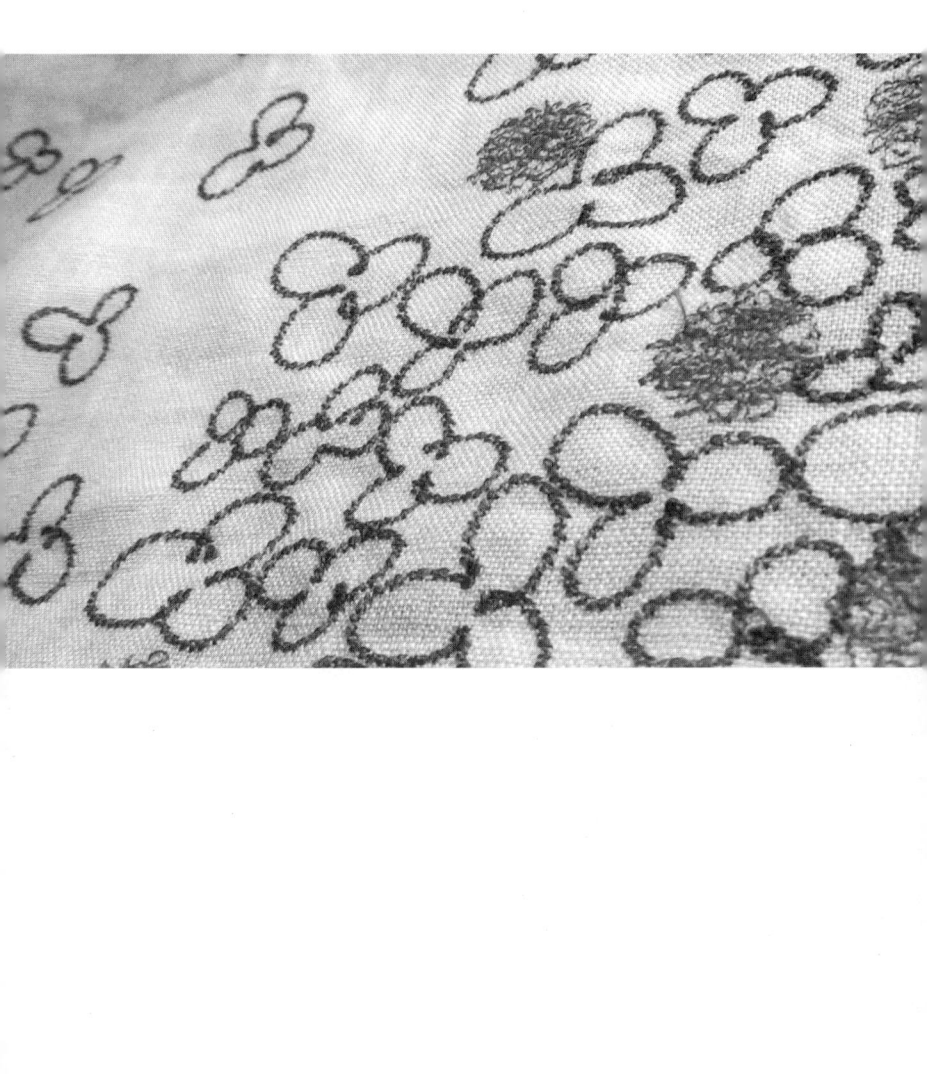

은 면이라도 좀 더 탄력 있는 천이나, 또는 마. 그리고 커다란 것을 좋아한다. 초등학생 시절에 썼던 거즈 손수건도 그립다.

그런데 나는 여름이면 손수건을 두 장에서 다섯 장 정도 잃어버린다. 다들 어이없어할 정도로 해마다 반드시 잃어버린다. 더위를 많이 타는 체질이라 걸으면서 손수건을 꼭 쥐고 있다가 냉방이 되는 전철이나 버스를 타면 안도의 한숨을 내쉬면서 손수건을 까맣게 잊고 손에서 힘을 빼는 탓인 듯하다. 그래서 전철에서 내릴 때나 냉방이 되는 건물 안에서 뒤에 있는 사람이 부르는 경우가 종종 있다.

"저, 손수건이 떨어졌는데요."

물론 그건 운이 좋은 경우다. 아무도 모르게―또는 알아도 말해주지 않아―잃어버린 손수건이 지금까지 얼마나 되는지는 모르겠다. 그래서 여름에는 소중히 여기는 손수건은 들고 다니지 않으려 하는데, 가끔(가령 올 8월의 가나자와에서처럼) 아주 좋아하는 손수건(마와 면이 섞여 있어 까슬한 감촉에, 엷은 파란색 바탕에 꽃송이 하나가 커다랗게 그려져 있는)을 잃어버리는 경우도 있다.

으허헝, 하고 울고 싶지만 울 수 없다. 손수건이 없으니까. 그런 때 나는 염천 하의 파란 하늘을 올려다보며 잃어버린 것은 빨리 잊자고 거창하게 결심하고는 성큼성큼 걷기 시작한다.

얼른 어느 가게든 들어가서 새 손수건을 사야지, 하고 설레는 가슴으로.

## 깊은 밤의 아오야마 북 센터

 부부 싸움을 늘 한밤중에 한다. 낮에는 같이 있지 않으니까. 부부 싸움을 할 때면, "할 말 있으면 주말에 해" 하고 툭 내뱉고는 도중에 자버리는 남편과 달리, 기분이 영 풀리지 않는 나는 흥분해서 계속 몰아붙인다.

 "주말이라고? 그런 말이 어떻게 나와? 지난 주말에는, 주말 정도는 그냥 쉬게 내버려두라고 했잖아. 지금이 아니면 무슨 소용이야? 할머니가 돼서 말하라는 거랑 뭐가 달라?"

 그러고는 자는 척 꿈쩍 않는 남편의 등을 내려다보면서 절망적인 기분에 젖는다.

 '말도 안 돼. 이럴 수는 없어.'

 간혹 그런 생각이 들면 아파트 전체가 결혼 생활의 망령처럼 느껴져 몇 시가 되었든 밖으로 뛰쳐나가지 않을 수 없다. 지갑만 집어 들고서 밖으로 나간다.

 이런 때 도망치는 것 같아서 친정에는 절대 가고 싶지 않으니, 어쩔 수 없이 가출한 고등학생처럼 거리를 배회하게 된다. 호텔은 밤중에 불쑥 찾아간다고 쉽사리 재워주는 장소가 아니라는 것도 지난 몇 년을 통해 비로소 알았다. 친구 집을 찾아가 민폐를 끼치고 싶지도 않고, 그렇다고 술집에 가서 청승맞게 혼자 술을 들이켜는 게 어울리는 체질도 아니라서 나는 정말 갈 곳이 없다. 그 때문에 24시간 영업하는 패밀리 레스토랑을 일곱 군데 정도 알고 있는 것이다.

언젠가 늦은 밤에 패밀리 레스토랑에서 무한 리필이 가능한 진한 커피―좋아서―를 몇 잔이나 마시면서 문득 깨달았다.

'그렇지, 아오야마 북 센터에 가면 되지.'

아오야마 북 센터는 아침까지 문이 열려 있다.

나는 곧장 택시를 타고 롯폰기로 갔다. 한밤의 도로는 한산해서 15분이면 도착한다. 유리창 밖으로 넘치는 빛, 들어가면 바로 앞에 쌓여 있는 잡지, 밤중에도 어김없이 기능하는 장소, 저마다 다른 생활을 하는 낯선 사람들. 나는 바보스러울 정도로 안도한다. 안전지대로 뛰어들었다는 느낌. 책 냄새를 한껏 들이마신다.

아오야마 북 센터에는 갖가지 추억이 있다. 낮이든 밤이든 불쑥 들러서는 묘한 책을 발견해 사서 돌아오곤 했고, 번역 소설 신간이 많은 덕에 찾는 책을 금방 구하기도 했다. 과거 비밀

데이트의 약속 장소로 이용한 적도 있다. 그리고 야마다 에이미 씨를 본 적도 있다. 역시 늦은 밤이었는데, 야마다 씨가 편집자인 듯한 젊은이들에 에워싸여 책방으로 들어왔다. 나는 책꽂이 뒤에 숨어 몰래 바라보고는 그 특유의 분위기와 화사한 모습에 넋을 잃었다.

책방에서는 마음이 차분해진다. 갖고 있는 책, 갖고 있었던 책, 옛날에 몇 번이나 거푸 읽었던 책, 읽지는 않았지만 자주 봐서 아는 책. 생각해보면 어렸을 때부터 함께한 지인들에 둘러싸여 있는 것이나 마찬가지다. 정겹고 과묵한 지인들.

지금은 부부 싸움을 하면 반드시 북 센터에 간다. 책 냄새를 맡고, 책꽂이 사이사이를 그냥 천천히 걸어 다니면서 책 구경을 하고, 사진이 예쁜 요리 책이나 지금까지 본 적이 없을 정도로 그로테스크한 만화, 배 만들기(?)에 관한 치밀하고 상세하고 세련된 책을 바라보다 보면 마음이 차분해져서 되찾고 싶은 자신으로 돌아갈 수 있다. 되찾고 싶은 자신이란, 이성을 잃기 전의 나 자신. 물론 결혼은 이성을 잃지 않고서는 할 수 없는 것이지만.

초등학생 때, 쉬는 시간에 밖에서 놀고 싶지 않아 몰래 도서실에 가곤 했다. 특히 여름에는 자주. 도서실은 햇볕이 들지 않아 서늘하고 철근 콘크리트 냄새와 책 냄새가 섞여 있었다.

북 센터에서 나와 왼쪽으로 걸어가 아이스크림 가게 모퉁이에서 다시 왼쪽으로 돌아서 똑바로 계속 걸어가면 내가 다녔던 중학교와 고등학교가 나온다. 빨간 벽돌담, 창문마다 걸려 있는 밋밋한 하얀 커튼, 2층 저 창문 안은 교무실이다. 학생 무렵에는, 부부 싸움을 한 끝에 이런 곳을 어슬렁거리게 되는 날이 올 줄은 꿈에도 몰랐다. 그런저런 생각을 하다 그럭저럭 지친 나는 택시를 잡든가 첫 전철을 타고서 집으로 돌아간다. 파르스름하게 홀가분해진 몸으로.

## 가을꽃 같은 여자

 나의 주식은 과일이다. 복숭아와 자두와 멜론과 수박이 식탁에서 모습을 감추면 그때부터 가을이 시작된다. 아침 식탁에 배와 포도와 무화과가 오르고, 홍차의 색감이 갑자기 투명해지고, 하늘이 파랗게 높아지고, 공기가 맑아지고, 만사가 질서를 되찾는 가을.

 나는 가을꽃을 좋아한다. 가을꽃은 바람을 품고 있다. 억새도 오이풀도. 들판에서 휑휑 바람에 흔들리는 풍경을 바라보면 자유로운 기분이 든다. 바짝 마른 느낌이 좋다. 색감이 빠진, 깊은 아름다움.

 시들지 않았는데 시든 것처럼 보이는 정취도 좋아한다. 역시 자유로운 기분이 든다. 그 자유로움은 무엇일까. 마음을 활짝 연 사람의 자유로움. 투철한 마음과 맑은 눈, 나그네 같은 여유로움과 늘 거기에 어려 있는 고독.

 가을꽃 같은 여자가 되고 싶다고 생각한다. 드넓은 곳에 피어 있는 그 불안함이 찡하다. 우뚝, 가녀리지만 강하고 당차게 피어 있다.

오이풀을 보면 만년의 조지아 오키프가 연상된다. 울퉁불퉁 뼈가 불거진 예술가의 손. 나는 오키프가 그린 그림을 좋아하고, 그녀의 인생 자체에도 강렬한 매력을 느낀다. 의지가 강하고, 자신에게 엄격하고, 아름답고 고집스러운 사람이었던 것 같다. 그 대담하고 단호한 언동 때문에 종종 '여장부'라고 형용되지만, 동시에 그녀만큼 '여자'였던 여성도 없다고 생각될 정도로 삶을 정열적으로 살아낸 여성. 야성과 지성을 격렬하게 겸비했던 여성. 사진으로 보는 그녀는 나이를 먹을수록 더욱 아름답다.

소박한 모습의 오이풀이 실은 장미과 식물이라는 것을 알았을 때, 오 역시, 하고 생각했다. 마른 풀처럼 기분 좋게 바람에 흔들리지만, 그 깊은 곳에 은닉한 화려함.

가을꽃은 몸이 푸르르 떨릴 만큼 섹시하다.

# 선물

 아빠 옛날 친구 중에 턱수염을 기른 인자한 풍모에 키는 크고 몸집은 마른 화가가 있다. 그의 부인이 크리스마스 때만 되면 선물을 보내주었다. 선물을 보내주는 사람은 그 외에도 있지만 그녀의 선물은 늘 특별했다. 크리스마스를 앞둔 어느 날, 불쑥 배달된 꾸러미에 어린아이였던 내가 얼마나 신 나 했던지.

 한 가지만 덜렁 들어 있는 것이 아니라, 언제나 오밀조밀하게 여러 가지가 들어 있었다. 표지가 예쁜 수첩, 달콤한 과자, 세련된 무늬의 종이 냅킨, 날염한 스카프, 값비싼 것은 아니어도 정말 고상했다. 모두 소녀가 갖고 싶어 하거나 좋아하는 것들이었다. 쓰다 만 향수가 담긴 병, 외국의 풍경을 담은 엽서, 무서울 정도로 리얼한 고양이 그림 스티커. 뭔지 모를 것도 있었다. 색유리 조각, 한 짝뿐인 커프스단추.

 그것들은 때로 주머니 모양의 까만 벨벳 파티 백에 담겨 있기도 하고, 상자 모양 서류 봉투에 아무렇게나 담겨 있기도 했다.

그리고 화들짝 놀랄 만큼 화려한 포장지―전체가 금색이거나, 분홍색과 초록색 커다란 꽃무늬가 있든지, 크림색 바탕에 짙은 자두색 줄무늬가 있는―에 사뭇 개성 있는 모양으로 싸여 있었다. 개성 있는 모양. 나는 선물의 감각을 그 부인에게서 배웠다.

선물은 멋지다. 선물을 보내는 일도, 받는 일도. 특히 겨울의 선물은 멋지다. 마음이 따뜻해지니까.

어렸을 때는 추석이나 설날 선물을 보내러 나가는 엄마를 따라나서는 것도 좋아했다. 잘 지내시나요, 하는 인사. 나는 당신을 기억하고 있고, 신경 쓰고 있고, 생각하고 있다는 표시.

현실에서 보내고 받는 선물뿐이 아니다. 선물이 등장하는 책 속 장면에서도 늘 가슴이 뛰었다. 『작은 아씨들』과 『키다리 아저씨』, 그리고 린드그렌의 『떠들썩한 마을의 아이들』 시리즈에도, 『초원의 집: 큰 숲 속의 작은 집』에도 그런 장면이 있는데, 어떤 장면이나 진짜 가슴 두근거려하며 읽었다.

내가 결혼하기를 잘했다고 생각하는 이유 중 하나에 선물이 있다. 나는 남자에게 선물하는 것을 극단적으로 싫어한다. 선물은 원래 좋아하는데, 그러니 난감하다. 아마 자의식 과잉인 것이리라. 몸에 지니는 물건을 선물하자니 너무 친근하게 구는 것 같고, 그릇이나 가방이나 담배 케이스는 더욱 그렇고―

상대의 생활에 나를 끼워 넣는 듯한 기분이 든다―. 상대의 취향을 아는 경우, 책이나 CD 등의 물건은 괜히 아는 척하는 듯한 기분이 든다. 결국 먹을거리나 먹을거리에 꽃 등, 요컨대 언젠가 없어질 것을 선물하고 만다. 생각다 못해, 예쁜 연두색 청개구리를 잡아서 빈 마멀레이드 병에 담아 선물한 적도 있다.

'연인에게 뭔가를 선물한다는 것은 일종의 속박 같다는 생각이 들지만, 이 남자에게는 뭘 선물해도 괜찮다!'라고 결혼하고서 생각했다. 괜찮다, 속옷이든 양말이든. 코트와 가방도. 그것은 무척 기쁜 일이었다. 무척 기쁘고, 무척 마음이 놓이는.

최근 받은 것 중에서 행복했던 선물은 시. 그리고 말이 적혀있는 와인 코르크 마개. 남편에게 받고서 좋았던 것은 전철 정기권이다. 2년 전쯤에 사내 인사이동으로 남편이 출근하는 장소가 바뀌었다. 남편은 새 정기권을 받았고, 그전에 쓰다 남은 정기권을 내게 준 것이다. 사용 기한이 이틀 남아 있었다.

이틀분의 정기권. 어디고 외출할 일이 없는데 정기권이 생겨 우스웠지만 좀 흥분했다. 그 금액으로 갈 수 있는 구간 내에서는 어디서든 내리고 탈 수 있다. 나는 신이 나서 반나절이나 그 노선을 타고 각 역을 산책했다. 맛있는 케이크 가게와 분위기 좋은 도자기 가게를 발견했다. 그날 산 반들반들하고 약간 넓적한 도자기 과자 그릇은 지금도 아주 마음에 든다.

## 설날의 경계

 설날의 경계에 대해서 늘 불가사의하게 생각했다. 시작은 괜찮다. 분명하다. 달력과 시계만 보아도 충분히 명백한데 종까지 울린다. 안 그래도 해가 바뀌기 전에는 공기가 새해의 도착을 미리부터 확실하게 준비하기 때문에 몸으로 느낄 수 있고, 사람들 역시 올해도 얼마 남지 않았다, 한 해가 다 갔다고 저마다 말하기 때문에 어쩔 수 없이 마음이 설렌다.
 문제는 설날의 끝이다. 그 긴장된 기분과 세상의 고요함과 새로운 분위기가 언제 끝나는지, 나는 정말 불가사의하게 생각한다.
 설날은 따분하다. 어렸을 때부터 죽 그렇다. 손님도 오지 않는다. 손님으로 어느 집을 찾아가지도 않는다. 새해맞이 여행 따위는 없다. 모처럼 도쿄가 텅텅 비는데 뭐가 좋다고 다른 곳에 간다는 말인가. 줄곧 그렇게 생각했다. 그런 생각을 가진 부모 밑에서 자란 탓인지도 모르겠다. 게다가 설날에는 바깥 분위기가 평소와 전혀 다른데, 평소와 다른 장소에 가버리면 그 변화를 충분히 만끽할 수 없다.

따라서 설날에 제일 먼저 하는 일은 창문을 여는 것이다. 바깥 기척이 여느 때와는 분명하게 다르다. 조용하고 깨끗하고, 공기는 팽팽하다. 숨을 살짝 들이쉬기만 해도 설날이 몸 안으로 흘러 들어온다.

그런 때에도 경계가 궁금해진다.

설 연휴가 끝나는 3일에 우선 한 번, 대문의 소나무 장식을 떼어내고 죽을 먹는 7일에 또 한 번, 그리고 마지막을 장식하는 또 다른 죽을 먹는 15일에 다시 또 한 번, 그렇게 세 번이나 단락이 있는데도 경계가 확실치 않다.

나 자신이 맹한 탓인지 나는 분명한 것을 좋아한다. 분명하고 알기 쉬운 것이 좋다고 생각한다. 특히 끝에 관해서는 무슨 일이든 정확하게 매듭짓고 싶어 하는 편이다. 그 한 예로 막다른 골목을 보는 걸 좋아한다. 내가 생각해도 기묘한 충동이다 싶은데, 산책할 때에도 좁다란 골목길을 일부러 골라 걷는다. 한 길이 어디서 어떻게 끝나는지 참을 수 없이 궁금한 것이다.

설날도 그렇다. 초이레다 대보름이다, 여러 단계를 지나면서 알게 모르게 일상으로 돌아가는 세상 모습에 감동하는 반면, 끝을 놓친 것 같아서 후련치 않다. 은행에 가서 돈을 꺼내 온지 얼마 되지 않았다고 생각했는데 어느 틈엔가 지갑이 가벼워진 때의 기분과 조금 비슷하다. 소위 '야금야금'이란 것이다.

외부적인 것만 그런 게 아니다. '설날 기분'이라는 것이 대체 어느 정도 지속되는지, 언제 어떤 타이밍에 없어지는지, 또 해마다 같은지 다른지, 몇 번을 경험해도 아리송하다.

결국 설날을 좋아하는 것이리라. 그러니 해마다 그 끝을 서운해하는 것이다. 폐회식이 없는 조촐한 파티를 하고 난 다음 같은 것이다. (그러고 보니 설날은 때로 손님 취급을 받는다. 설날 씨, 라 부르는 사람도 있을 정도다.)

이 어린애 같은 서운함도 나는 설날의 참맛이라고 생각한다.

## 호쾌한 숙녀

　나카노에 있는, 싱그러운 녹음에 파묻힐 듯한 댁으로 찾아갔다. 넓은 현관, 시간이 멈춰버린 것처럼 신비로운 기척이 느껴지는 집.
　처음 뵙네요, 하고 인사하자 다나카 스미에 씨는 "(결혼했는데) 친정 성을 그대로 쓰나요?" 하면서 이상하다는 표정을 지었다. 무슨 일이든 애매하게 두지 않는 분인 것이다. 인터뷰하는 내내 나를 '부인'이라 불러, 그 호칭이 낯선 내가 당황해하자 이렇게 말하면서 웃었다.
　"부인이라 불리면 좋잖아요? 난 누가 부인이라고 불러주는 거 무척 좋아해요."
　남편인 다나카 지카오 씨는 작년에 돌아가셨다.
　"다툴 상대가 없어서 정말 따분해요."
　말은 그렇게 했지만, 다나카 씨 입에서는 남편 이야기가 끊임없이 나왔다. 추억담이 아니라 지금 일상의 이야기로.

"정말 신기하죠. 목걸이나 도장이나 안경 같은 게 어디 갔는지 보이지 않아서, 여보 좀 찾아봐요, 하면 어디선가 튀어나온다니까."

"지난번에 참 재미있는 꿈을 꿨어요. 내가 좀 남자 같잖아요? 그래서인지 나는 여장 배우를 좋아해요. 그런데 얼마 전에 그이가 내 기모노를 입고 꿈에 나타난 거예요. 어머 당신, 여장 배우가 되었네, 그러기도 하고."

"미망인은 인생이 잘 풀려요. 남편이 지켜주니까."

안 봐도 금실이 좋은 부부였을 것 같았다.

그런데도 다나카 씨는 천연덕스럽게 말한다.

"나, 옛날부터 남자 데리고 다니는 거 정말 싫어했어요. 혼자인 것만큼 홀가분하고 좋은 것도 없잖아요? 난 고독을 좋아하고, 내 친구들도 독신이 많아요. 같은 반이었던 친구들의 3분의 1은 이혼했고, 3분의 1은 독신에, 나머지만 겨우 두 사람이 같이 살아요."

혼자 있는 게 좋은데 결혼 생활을 그렇게 오래 유지한 이유는 다음과 같다.

"옛날에 추기경에게 이런 말을 들었어요. '가족도 친구도 있는데, 그런 가운데 고독을 좋아하는 것은 사치입니다.' 나도 그렇게 생각해요."

또 이런 말도 덧붙이며 미소 지었다.

"하지만 나를 뒷받침해주는 아지트가 있고, 거기에는 내 전 유물이—남편이든 아내든—있고, 그런 상황에서 여기저기로 다니는 게 좋지 않나요?"

어떤 남자를 좋아하느냐고 묻자, 그녀는 이렇게 대답했다.

"가령 내가 미야기 현으로 여행을 가겠다고 하면 미야기 현의 지도를 비롯해 하나에서 열까지 전부 갖춰주는 사람."

명쾌하다.

깊은 애정이 말에서 속속 배어 나온다. 다나카 씨는 대학생인 손녀 둘에게 늘 "버려지기 전에 버려라"라고 말한다고 한다.

"그렇잖아요. 남자에게 버림받으면 얼마나 허망하겠어요?"

그러고는 또 이렇게 툭 중얼거렸다.

"그런데 남편이 죽었을 때, 나 남편에게 버림받았다는 기분이 들었어요. 그러니까 지금은 패배한 인생(여기에서 웃었다)을 살고 있는 거죠."

그리고, "나, 죽으면 게이오 병원에 뼈를 기증하기로 약속했는데, 남편이 죽고 나니까 역시 같은 무덤에 묻히고 싶어요"라며 목하 고민 중이라고 한다.

가장 하고 싶은 일은 "뱀을 쓱 만져보는 것. 나, 그런 걸 좀 동경해요"라며 웃는다.

"뱀을 좋아하나요?" 하고 물으니, "네, 얼마 전에 뱀 센터라는 곳에 갔는데 뱀을 보고서 '이걸 툭툭 잘라서 구워 먹으면 맛있겠는데' 싶더라고요" 하고 생각만 해도 즐겁다는 듯 말했다.

다시 태어난다면 동물원장이 되고 싶다고 한다.

"우에노 동물원에 고릴라와 호랑이 숲이 생겼어요. 가고 싶어서 안달이 나요."

아무튼 행동파다. 고갯마루를 포함해서 팔백칠십여 개의 산을 답파한 것은 말할 것도 없고, 외국에도 거침없이 나간다. 가장 재미있었던 곳은 터키. 스페인에서도 이집트에서도 유카타 차림으로 거리를 걸어 다녔다고 한다.

"바람이 들어와서 시원해요."

관심사도 다양하다. 주간지를 좋아해서 다섯 가지쯤 읽는다고 한다. 잡지나 신문을 비교하면서 이것저것 발견하는 걸 좋아하고, 만화도 좋아한다고 한다.

소녀 시절에는 학교에서 따돌림을 당한 적도 있단다.

"따돌림을 당해서 좋았어요. 나 하고 싶은 일을 할 수 있었으니까."

생명력이 넘치는 것이다.

마지막으로 그녀는 사진 두 장을 보여주었다. 한 장은 결혼식 때 사진. 신부는 검은 바탕에 금·은실 수가 놓인 현란한 후

리소데예식 때 입는 정식 기모노—옮긴이를 입고 앉아 있다. 다른 사진은 그로부터 58년 후. 그녀는 지카오 씨의 여든 살 축하연 자리에서 같은 후리소데를 입고 앉아 있었다. 두 사람이 나란히 찍혀 있다. 뭐라 말할 수 없이 아리땁고 풍요로워 보이는 사진이었다.

## 우노 아키라 씨

 우노 아키라 씨를 만나기 훨씬 전에 그의 그림과 먼저 만났다. 초등학교 도서실에서였는데 그 써늘한 공간에서 본, 파란 얼굴에 어른스럽고 겁이 날 정도로 예쁜 아이들 표정이 너무도 인상적이어서, 우노 씨는 웃지 않는 사람일 것이라고 줄곧 생각했다. 이런 그림을 그리는 사람이 웃을 리가 없다고.

 내 안의 '우노 아키라 씨 이미지'는 그 후 세세한 디테일이 붙어 병약할 것이다, 타인이 접근하는 것을 허락하지 않는 사람일 것이다, 그렇게 거의 다자이 오사무나 다케히사 유메지 라인으로 굳어갔다. 섬세한 옆얼굴에 성격이 몹시 까다로운 사람으로.

 그런데 우노 씨와 처음 만났을 때, 그는 웃고 있었다. 게다가 이 부분이 몹시 신기한데, 우노 씨는 내가 상상했던 대로 웃고 있었다.

 이는 아주 모순된다. 나는 우노 씨를 줄곧 웃지 않는 사람이라고 생각했다. 그런데 몇 번을 되새겨보아도 그건 내가 상상했던 웃는 얼굴이었다고밖에 달리 말할 수 없다. 가을이었고, 우리는 교토의 기코쿠테이라는 정원에 있었다. 우노 씨는 시원한 바람이 부는 툇마루에 서서 해 질 녘의 정원을 배경으로 소리 없이, 그러나 환하게 웃고 있었다. 서 있는 모습이 정말 아름다운 사람이라고 생각했다. 뭐랄까, 모든 혼돈을 몸 안에 쏙 빨아들인 채 풍경으로 녹아들 것만 같아 보였다. 마치 육체 따위는 없는 것처럼.

우노 씨는 밝은 사람이라고 생각한다. 시끌벅적하거나 명랑하다는 뜻은 물론 아니다. 열린 사람의 밝음이랄까, 르네상스 시대 그림의 하늘에 둥실 떠 있는 구름 같은 느낌.

그리고 보니 우노 씨의 음담패설도 구름 같았다. 지난번 만났을 때 우노 씨는 꽤나 대담한 이야기, 사실 그대로 말하면 외설스러운 이야기를 했다. 그런데 우노 씨의 입에서 나오는 말 하나하나에 깃털이 달려 있어 발음되자마자 하늘로 올라가는 터라, 나는 가구라자카에 있는 음식점 2층의 다다미방에서 마치 비발디를 듣고 있는 기분이었다. 우노 씨는 언제나 아름다운 모습으로, 내 눈을 똑바로 마주 보며 아주 정중한 말투로 외설을 연주한다.

교토에서 그를 처음 만난 후로 4년이 지났다. 우노 씨는 웃기도 하고 야한 이야기도 한다. 딱히 병약해 보이지도 않는다. 타인의 접근을 허락하지 않는다기보다 타인을 통과시켜버린다(열려 있으니까).

그럼에도 나는 역시 우노 씨를, 초등학교 도서실에서 상상했던 그대로의 사람이라고 생각한다. 참 신기한 일인데, 우노 씨는 그런 모순을 태연하게 품고 있다. 때로 이 사람은 현실에 존재하는 사람이 아니라 가공의 인물이 아닐까 생각한다.

"그럴지도 모르지."

진지한 표정으로 그렇게 말하는 우노 씨가 눈앞에 보이는 듯하다.

## 문학 전집에 대하여

 문학 전집은 대개 장정이 훌륭하다. 실려 있는 작품은 물론, 선별된 작가마저도 훌륭하니 불평의 여지가 없다. 그러므로 가령 책꽂이 앞에 서서 책등에 적힌 작가의 이름을 하나하나 바라만 봐도 충분히 문학적 기분에 젖어 만족하고 만다. 이거야 천장에 매달린 굴비 냄새 한 번 맡고 밥 한 술 뜨는 자린고비 격이다. 이렇게 불손한 성격이라 문학 전집을 둘러싼 추억이 별로 없다.

 그런 주제에 예상치 못한 곳에 뜻하지 않은 작가가 숨어 있다가 불현듯 나타나곤 하는, 문학 전집만이 줄 수 있는 특유의 두근거림을 나는 좋아한다. 고등학교에 다닐 때, 신학기에 받는 국어 교과서를 유독 좋아했던 것도 그 때문이라고 생각한다.

 그렇게 만난 작가 중 가사이 젠조葛西善藏가 있다. 옛날에 우리 집 책꽂이에 신초샤에서 출간한 『일본 문학 전집』이라는 게 있었다. 조그만 판형에 활자는 2단 구성이고 금박 대신 곰팡이가 피어 있는, 빨간 갑에 든 하얗고 예쁜 책이었다.

 전체가 몇 권이던가. 유난히 많이 꽂혀 있었는데, 그 중에서 내가 읽은 것은 어째서인지 가사이 젠조뿐이었다. 단순히 이름이 낯설어서였을 것이라고 생각한다(활자가 유독 네모난 모양으로 보였기 때문이었는지도 모르겠다). 많은 책등 중에서, 그 이름만 언제나 눈길을 끌었다. 몇 년 동안이나 그 앞을 지날 때마다 눈길이 마주쳤다. 책꽂이 안에서 가만히 기다리는 것처럼 보였다.

 문학 전집의 전당에 입성해 불편한 모습으로 있는 작가를 좋아한다.

## 하지만 세인트 잭스 호텔에는 아직 돌아갈 수 없다

헬렌 저스티스는 고상하고 청결하며, 아름답고 총명하고 용감한 여자다. 남편인 제이크와 변호사 친구 마론과 함께 언제나 골치 아픈 사건에 휘말린다. 그러나 아무리 힘겨운 사태에 맞닥뜨려도 두 남자처럼 후줄근해지지 않는다. 철저하게 미래 지향적이며, 지금 막 눈을 뜬 사람처럼 늘 싱그럽다. 그녀를 만날 수 있다는 것이 크레이그 라이스의 소설을 읽는 즐거움 중 하나다.

나는 추리 소설을 좋아하지 않았다. 수수께끼 풀이에는 조금도 관심이 없어 "실은 이 사람이 범인입니다" 해도, "아, 그래요" 하는 정도였다. 크레이그 라이스를 읽기 전까지는. 크레이그 라이스의 소설을 읽으면 추리 소설이 인간의 생활과 삶을 그리고 있다는 것을 잘 알 수 있다.

당장이라도 "세인트 잭스 호텔로 가요"라고 말하고 싶었다. 그것은 거부하기 어려운 유혹이었다. 그곳에 돌아가기만 하면 안전하고 따뜻하고 여유로워질 수 있다. 하지만 안 된다, 내 손으로 시작한 일을 끝까지 처리하지 않고는.

이 부분은 두 남자와 모험을 계속하던 헬렌이 혼자서 악한을 추적하게 된 장면을 묘사한 것이다. 장소는 택시 안이다.
혼자라는 것. 그 불안함과 그만둘 수도 있다는 유혹.
"하지만 세인트 잭스 호텔에는 아직 돌아갈 수 없다"는 이 소설을 읽은 후로 내가 애용하는 말이 되었다.

## II 남성 친구의 방

이 세상에 남자와 여자가 있다는 것은 멋진 일이다. 멀리에서 또는 가까이에서 서로에게 끌리는 것은 멋진 일이다. 그렇지 않고서야 산다는 것은 때로 너무 어렵다. 친구가 있다는 호사스러움은 어른에게만 허락된 특권이라고 생각한다. 특히 남성 친구가 있다는 것은.

## 얻기 어려운 남성 친구

남성 친구, 라는 까다로운 테마로 글을 쓰게 되었다.

우선 남성 친구의 정의를 밝혀야 한다. 내가 쓰려는 남성 친구는 남자 친구와는 다르다. 좀 더 특별한 것이다. 정의하자면 남자이며, 친구이고, 또 남자 친구가 아닌 사람이어야 한다. 그러니 얻기 어려운 것은 당연하다 할 수 있다.

이러나저러나 상관없는 일이지만, 탐탁지 않은 남자에 대해 써보려고 한다.

구체적으로는 다음 네 가지 사항을 떠올릴 수 있다.

―동료를 좋아하는 남자.

―아동문학 작가를 지망하는 남자.

―자기 의사를 정확하게 말하지 못하는 남자.

―사고가 정형적인 남자.

아, 싫다. 쓰기만 하는데도 우울해진다.

첫 번째, 동료를 좋아하는 남자.

동료를 좋아하는 남자란, 어떤 특수한 상황을 함께 즐기는 동료가 있고 그 동료들을 더없이 사랑하며 툭하면 이벤트를 갖는 남자다. 예를 들어 대학 시절의 동아리 모임이나 프로 스포츠의 팬클럽 등에 속한 남자들. 이런 남자의 어떤 면이 싫은가 하면 '이 사람들과 있을 때의 내가 진정한 나'라는 식으로 해방감을 분출하는 점이다. 한정된 상황에서만 자신을 해방시킬 수 있다는 심리는 어딘가 뒤틀린 것이다. 유치하기도 하고.

그렇다면 어디서든 가리지 않고 자신을 해방시켜도 좋은가, 하고 묻는 이도 있을 것이다. 나는 물론 좋다고 대답할 것이고, 그렇게 해서 주위에 누를 끼치는 것이 '진정한 나'라면 그런 나를 우선 개선해야 할 것이라고 생각한다.

동료를 좋아하는 남자들은 결혼하면 대부분 '가족 자랑형 남편'이나 '가부장적인 남편'이 된다. 자칫 잘못하면 양쪽을 겸하기도 한다. 이 점은 관찰의 결과 알게 된 것이다.

또, 동료를 좋아하는 남자들은 술을 즐기고 외부 활동을 선호하는 경향이 많다. 단, 주량이든 외부 활동이든 그 실력이 대수롭지 않은 것이 특징이다. 이때 어느 쪽으로든 극단적으로 치우쳐 있다면 그 사람은 그저 술을 좋아하거나 지나치게 외부 활동을 좋아하는 것이니, 이 범주에는 속하지 않는다.

그리고 바로 이 점이 가장 큰 특징인데, 동료를 좋아하는 남자는 자기가 아직도 소년의 마음을 간직하고 있다고 믿는다.

두 번째, 아동문학 작가를 지망하는 남자.

아동문학 작가 중에는 진정으로 문학을 사랑하는 훌륭한 남자도 많은데, 어찌 된 셈인지 아동문학 작가를 지망하는 남자들 중에는 이상한 사람이 많다. 특징으로는 부지런히 글을 쓴다는 점을 들 수 있다. 심심하면 엽서를 보낸다. 엽서라는 점이 포인트인지도 모르겠다. 편지를 쓸 만한 용건이 있는 것도 아니고, 그리 친하지도 않은데 수시로 엽서를 써서 보낸다. 많은 사람에게 똑같은 내용의 엽서를 보냈겠지, 하는 것을 금방 알 수 있는 글인데, 뭐 일종의 애교라고 볼 수도 있지만 이래서야 아동문학 작가는 되기 어렵지 않을까 싶다.

이런 사람들의 어떤 구석이 싫은가 하면, 이해받고 싶다는 욕망이 묘하게 강하다는 점이다. 나는 이해 따위는 하고 싶지 않은데 이들은, 이해해야 한다, 당신은 나를 이해해주어야 마땅하다고 믿고 있다. 이들은 쉽게 상처받는 종족이기도 한데, 나는 기본적으로 쉽게 상처받는 종족을 싫어한다.

그들 역시 자기가 소년의 마음을 간직하고 있다 생각하는데, 그것도 모자라 그 마음을 소중하게 여긴다.

세 번째, 자기 의사를 정확하게 말하지 못하는 남자.

이는 말수가 적다거나 어휘력이 부족하다거나 문법적으로 옳지 않은 말을 하는 것과는 전혀 무관하다.

있는 그대로 말하면, 찻집에서 "커피나 마시지 뭐"라고 말하는 남자다. "어디 갈 건데?"라고 물으면 "어디든 좋아"라고 대답하고는 "그럼 공원 갈까?" 하면 "추워서 싫어"라고 하고, "그럼 영화 보러 갈까?" 하고 물으면 "영화는 보고 싶지 않아"라고 하고, "그럼, 그냥 집에 있을까?" 하면 "에이, 그건 싫지" 하는 남자.

이런 남자들은 자신이 '평범'하다고 여긴다. 하지만 "평범이 뭔데?"라고 물으면 대답을 못 한다.

마지막으로, 사고가 정형적인 남자.

크리스마스에는 멋진 레스토랑에 예약을 해놓아야지, 안 그러면 여자 친구에게 미안한 일이라(또는 혼날 것이라)고 착각하는 남자다. 이들은 남자는 사회로 나가면 적들에 에워싸인다느니, 자식 때문에 산다느니 하는 무수한 속담, 옛말, 미신, 우스갯소리를 알게 모르게 믿고 있다.

이 타입은 종종 '자기 의사를 정확하게 말하지 못하는 남자'와 겹치기도 하는데, 그 반면 '양식 있어 보이고 싶다'고 생각하는지, 가령 찻집에서 "커피나 마시지 뭐"라고는 절대 말하지 않겠다는 신조를 갖고 있기도 하다. 자신을 '평범'하다기보다 '번듯한 어른'이라고 생각하고 싶어 하는 경향이 있는 것이다. 이 둘이 똑같은 것임을 미처 깨닫지 못한다.

그런데 이 네 가지 타입은 여자에게도 고스란히 적용된다. 하지만 내가 쓰려는 것은 남성 친구이기 때문에, 여자에 대해서는 다루지 않겠다.

물론 이 네 가지 유형의 남자들은 각자 나름대로 매력적일 수 있다(매력이란 참으로 불가사의한 것이다). 매력적일 수 있으니 남자 친구도 될 수 있다. 그러나 남성 친구는 될 수 없다. 그들은 절대 내 남성 친구는 될 수 없다. 물론 연인도. 그런 의미에서 보면 남성 친구와 연인은 닮은 점이 있다.

이 사람과 연애하지 않기를 천만다행이다, 하고 생각한 적이 딱 한 번 있다. 그는 내 남성 친구이고, 우리는 많은 것을 공유하고 있다. 닮은 점이 있는 것이 아니라, 아마도 서로를 이해한다 해야 할 것 같다. 상대의 감정의 세세한 부분이나 그 진폭을, 모래사장에 물이 스미듯 아주 자연스럽게 이해할 수 있다.

왜 '이해할 수 있다'에 방점을 붙였는가 하면, '이해한다'는 단어와 혼동하면 안 될 것 같아서다. '이해할 수 있다'는 것은 아주 단순하게, 던지면 기계적으로 받는다는 것에 지나지 않는다.

우리는 간혹 만나서 같이 점심을 먹는다. 또는 저녁을. 오후에는 차 한 잔을. 늦은 밤에는 술을. 산책을 하고, 성실하게 대화를 나누고, 만나지 못하는 동안 발견한 좋은 것과 좋은 일에 대해 서로에게 알린다.

그는 외모도 마음씨도 고운 남자라 '연애하지 않기를 천만다행'이라는 말이 괜한 오기로 들릴지도 모르겠다. 하지만 괜한 오기라 여겨져도 전혀 상관없다. 왜냐하면 앞으로 우리가 연애하는 사이가 될지도 모른다는 가능성이 내게는—아마 그에게도—실로 하찮을 정도기 때문이다.

내가 이 남성 친구와 공유하는 것 가운데 가장 중요한 것은 인생이다. 세계라고 바꿔 말할 수도 있다. 즉, 같은 시대를 살고 있다는 것.

연인과 다른 하나가 바로 그것이다. 연인의 경우라면, 찬란하리만큼 감미롭고 더없이 특별하며 인생이나 세계 따위 어떻게 되든 상관없는 순간의 진실이 소중하다. 어쩌다 보면 그런 순간이 계속 이어지는 인생을 살 수도 있겠지만, 그것은 어디까지나 결과에 지나지 않는다.

남성 친구뿐 아니라, 같은 시대를 산다는 것은 친구가 지녀야 할 최대의 자질이라고 나는 생각한다. 지금 현재를 사는 사람들은 모두 같은 시대를 사는 셈이지만, 내가 말하는 같은 시대의 의미는 훨씬 좁다. 예를 들면, 같이 일을 하면서 뭔가를 만들어낼 수 있다거나. '요즘 아저씨'와 '요즘 젊은이' 등에 대해 같이 한탄할 수 있다거나, 내가 할머니가 되었을 때에도 같이 살아 있어서 같은 장소에서 나와 함께 세계를 바라볼 수 있다거나.

  그것은 부모 자식 사이에서는 절대 불가능한 일이다. 그래서 사람은, 어린 시절 그렇게 고독한지도 모르겠다.

## 빌려주기와 빌리기

 지금 베트남에서 이 원고를 쓰고 있다. 오랜만에 찾은 동남아시아. 공항에서 한 걸음 밖으로 나왔을 때, 낯익은 강렬함으로 온몸을 덮친 온도와 습도. 비가 많이 내리는 나라 특유의 색채가 선명한 식물의 생기. 어린애처럼 웃는 야성적 체형의 사람들. 네온사인, 포장마차, 냄새. 도로 한가득 달리고 있는 엄청난 수의 오토바이와 인력거, 이런저런 잡다한 호객꾼들. 일주일 남짓한 휴가지만, 여행을 하면 몸이 활기를 되찾을 수 있어 좋다.

 탁월한 편집자이자, 연상의 남성 친구에게 화분을 맡기고 이곳에 왔다. '포니테일'이라는 이름의 그 관엽 식물은, 식물을 말려 죽이는 데는 명수인 내 곁에서 2년 반이나 아름다운 초록의 모습을 유지하고 있다.

 "어디 가는데?"

 화분을 돌봐달라고 부탁하자 그가 물었다.

"베트남."

"누구랑?"

그는 남성 친구치고는 흔치 않게 질문을 많이 한다. 그런 성격인 것이다.

"뭘 하러?"

"남편은 어떻게 하고?"

"강아지는?"

"원고 마감은?"

"귀국 날짜 되면 돌아오는 거지?"

나는 질문 하나하나에 대답하면서, 다양한 면에서 이 사람의 도움을 받고 지낸 세월이 벌써 15년이라는 것을 깨달았다. 야윈 몸에 어울리지 않게 술이 세고, 말이 통하고, 재미나는 일을 좋아하고, 일을 잘하고, 절도가 있으며, 이해심 많은 아내도 있다. 완벽하다고 해도 좋을 사람이다. 일상의 잡다한 일에 관해 "나는 없는 사람이라고 쳐" 하고 등을 돌리는 남편에게 최대한 누를 끼치지 않기 위해 이 남성 친구의 힘을 빌린 후에야 나는 이곳에 와 있다.

초여름의 베트남은 과일의 낙원이다. 나는 날마다 과일을 실컷 먹고 있다. 파랗고 달콤한 바나나와 농익은 망고, 깊은 맛의 슈거 애플과 두리안, 상큼한 자몽, 시원한 망고스틴, 줄무늬 없는 수박, 담백하고 달콤하고 과자 같은 드래건 프루트.

오전에는 거리를 어슬렁거리고, 오후에는 조금 일을 하고, 밤에는 술을 마신다. 그러면서 문득 생각했다. 왜 화분을 남성 친구에게 맡겼을까. 내게는 여성 친구도 있는데.

몇 가지 이유를 들 수 있다. 30대 후반이 되면 그녀들 대부분이 결혼해서 아이가 있기 때문에 남의 화분이나 돌볼 처지가 아니라는 것. 예의 남성 친구는 비교적 가까운 곳에 살고 있는 데다 꼼꼼해서 화분을 말려 죽이지 않을 거라는 것.

하지만 다른 결정적인 이유가 있었다는 것을, 나는 방금 전 조그만 거룻배를 타고 강을 건너 호텔로 돌아오면서 알았다. 옛날부터, 여성 친구에게 빚을 지는 것이 얼마나 위험한 일인지 알고 있었다. 나 자신을 포함해서 그녀들에게는 손톱만큼의 악의도 없지만 일을 확대하거나 축소하는 경향이 있다. 사소한 선물에 과도하게 감격하거나 별생각 없이 큰 희생을 치르기도 하고.

그것은 때로는 미덕일 수 있지만 때로는 아주 난감한 일이다. 예를 들어 화분을 한 번 맡긴 일이, 알게 모르게 하나에서 열까지 도와주었다는 인상으로 바뀌지 않으리란 법이 없다.

남자는 그런 경계가 분명하다, 대개는. 이번 일의 남성 친구만 해도, 여자처럼 대화를 즐기는 능력이 있어 종종 '아줌마 같은 남자'라는 평가를 받곤 하지만, 그런 면에서는 틀림없는 남자고, 경계가 분명해서 안심할 수 있었던 것이다.

빚 하나가 빚 하나로 유지되는 청결함이, 남성 친구들에게는 있다.

그런 생각을 하면서, 나는 낮에 배를 탔다. 강물은 푸른빛을 띤 갈색이었고, 잡풀이 높이 자란 강변에는 메추리 알 같은 색의 개구리들이 무수히 있었다. 여기 개구리는 무늬까 조심하라고 뱃머리에 앉은 여자가 주의를 주었다.

저녁때 비가 시원하게 내렸다. 나는 라운지에서 수박 주스를 마시며 비 내리는 풍경을 바라보았다. 비는 낮의 열기를 식혀 주었다.

나는 남자답고 경계가 분명한 그에게 만날 빚만 지는 것 같다. 부탁은 하지만 부탁을 받은 기억은 없는 것이다. 그에게 나는 여성 친구니까, 내가 여성 친구들에게 느끼는 것처럼 나는 빚은 지지 않는 편이 좋은 상대인지도 모른다. 그렇다면, 편한 점은 있으나 내 본의는 아니고, 본의는 아니나 득을 보고 있다고 해야 할까.

가네코 미쓰하루의 작품 중에 「여자에 대한 변」이라는 시가 있다.

여자에 대한 변


여자라는 말에는

어떠한 것도 용서해야 한다.

여자가 저지른 잘못에

그렇게까지 놀라지 말지니.


여자의 거짓말, 여자의 변덕, 여자의 방종은

여자가 입은 기모노의 꽃과 새 무늬처럼

모두 여자의 아름다움이니

칭찬하며 바라보아야 하는 것.


훔치고 속여도 비난하지 말라.

남의 눈을 속여가며 여자들이

다른 남자와 몰래 만나도

질투하거나 체면 운운하지 말라.

언제 어떤 경우에도 관용을 베풀라.

마음을 너그러이 하라. 여자야말로 꽃 중의 꽃.

하나, 사랑의 기술을 모르는 가짜 여자

그 여자는 경멸하라.

그들은 여자이며 여자가 아니니.

지금은 이 시를 따라 사랑의 기술을 나날이 모색하는 것으로 그런 자신을 용납하기로 하자.

이제 곧 새벽 2시다. 창밖에서는 아까부터 도마뱀이 울고 있다. 도쿄는 슬슬 날이 밝을 무렵이다.

내일은 잠시 쇼핑을 해야 한다. 소금과 청자 찻잔, 비즈로 수놓은 실내화를 사다 달라는 부탁을 받았다. 물론 전부 여성 친구들의 부탁이다. 무겁다든지 깨질 수도 있고 찾기도 쉽지 않다는 것은 조금도 문제시하지 않는 그녀들의 우정에 나는 물론 온 힘을 다해 답한다. 언제나.

인생이란 그런 식으로 돌아간다.

# 금기

 빌리에 대해 쓰려고 한다. 빌리는 미국에서 만났다. 당시 나는 스무 살 남짓이었고, 별일 없이 뉴욕 거리를 어슬렁거리고 있었다. 메트로폴리탄 미술관의 넓은 관내에서 빌리가 내게 말을 걸었다. 미술관이 한가한 일본인 아가씨를 낚는 명소라는 것을 그때의 나는 몰랐다.

 우리는 그림에 대해 이야기했다. 내가 번존스를 좋아한다고 하자 그는 로세티가 더 좋다고 했다. 우리는 로세티의 여동생이 쓴 시에 대해서도 이야기했다.

 미술관 앞 돌층계에 앉아 우리는 좀 더 이야기를 나눴다. 내가 다이어트 펩시를 사 오자, 빌리는 클래식 콜라를 마셔야 한다는 말도 했다. 그리고 자기 방으로 가자고 했다. 자기 아파트가 여기서 가깝다면서, 간단한 저녁을 만들어 주겠다고 했다. 요리를 좋아한다고도.

 내가 거절하자 빌리는 이상하다는 표정을 지었다.

"왜? 맛있는 것 먹고 섹스도 하면 좋을 텐데."

"섹스? 저녁만 먹는 게 아니고 그것도 하는 거야?"

"가능하면."

빌리는 근육질의 백인으로 수염을 기르고 있었고 눈도 귀여 웠지만 나는 그럴 수는 없다고 대답했다.

"가능하지 않아."

빌리를 기억하고 있는 이유는 그때 나눈 대화가 재미있었기 때문이다.

"왜? 연인이 있는 거야?"

빌리가 묻기에 나는 그렇다고 거짓말을 했다. 거절할 이유로 그 이상 적합한 것은 없다고 생각해서였다.

"그런 게 무슨 상관이야. 신 나는 일인데 연인하고만 하다니 아깝군."

나는 웃고 말았다.

그 무렵 나는 섹스는 연인끼리 하는 것이라고 굳게 믿고 있었 는데, 빌리 말에 따르면 그것은 'fun'의 한 가지일 뿐, 맛있는 음 식을 먹거나 영화를 보거나 짧은 여행을 떠나는 것과 동급이 란다.

"그런 일은 전부, 친구랑 하는 게 가장 재미있어."

빌리는 그렇게 말했다.

그 말은 어차피 여자를 낚기 위한 것이었고, 빌리는 그런 말을 심심찮게 하며 여자를 자기 방으로 데리고 갔을 테지만, 섹스와 친구에 대한 그의 의견은 상당히 진지하게 들렸다.

"세상에는 연인이랑 하는 것보다 친구랑 하는 편이 더 좋은 일도 많아."

그리운 마음으로 그때 일을 떠올린다. 그 후로 오랜 시간이 흘렀다. 그날 뒤에도 빌리와는 거리 여기저기에서 우연히 마주치면 서로를 'another tripper'라 부르며 웃었다. 우리는 같이 술을 마시며 이야기하는 정도의 사이가 되었지만 내가 뉴욕을 떠나는 바람에 더 이상 친해지는 일은 없었다.

지금이라면 빌리에게 육체관계를 포함한 우정도 당연히 존재한다고 대답했을 것이다. 다만 당신과 자지 않는 것은 애인이 있어서가 아니라 잘 이유가 없기 때문이라고. 실제로 그때도 그렇게 말했어야 했다.

남성 친구와 연인의 차이는 육체관계의 유무에 있지 않다. 일반적으로 말해서 육체관계는 도처에 존재하고, 그것까지 포함한 철벽같은 우정도 존재한다. 연애의 관점에서 보면 그런 상황은 때로 절망적이지만, 우정이라는 관점에서 보면 때로 멋진 일이다. 그러니 남성 친구와의 관계에서 금기시해야 할 것은 섹스가 아니다. 대개는 마음먹기 나름이니 금기는 애당초 각자의 마음속에만 있을 뿐이다.

금기.

내 경우는 둘이 놀러 가는 것이다. 한여름의 바다나 놀이공원. 귀찮은 쇼핑도 안 된다. 연인과는(만약 같이 가기를 바란다면) 언제든 괜찮다. 여성 친구와도. 가족이랑도. 하지만 남성 친구와는 단둘이 그런 곳(또는 귀찮은 쇼핑)에 갈 수 없다.

그 장소들이 주는 피곤함이 문제인 것이다. 쾌락은 함께 나누어도 좋지만 피곤함은 함께해서는 안 된다. 그래서 내게는 금기다. 피곤함을 함께 나누는 고통과 슬픔, 그리고 그 결과로 깊어지는 관계는 부부의 특권이라고 생각한다. 연인은 피곤함을 피곤함이라 느끼지 않으니 어디를 함께 가든 상관없다.

세상에서는 잤느냐 안 잤느냐를 꽤나 중요시하는 것 같은데, 참 묘한 일이다.

예를 들어.

인생은 느닷없이 어둠의 나락으로 떨어진다. 과거에 내 인생이 어둠의 나락으로 떨어졌을 때 캐럴 킹의 〈Tapestry〉를 선물해 준 남성 친구가 있다. 캐럴 킹의 가칠한 보컬과 단순하면서도 아련한 온기를 지닌 한 곡 한 곡의 멜로디가 나의 부족한 면을 채워주었다.

나는 한동안 그 CD만 매일 들었다. 〈I Feel the Earth Move〉

와 〈Where You Lead〉 등, 명곡만 담겨 있는 CD다. 〈You've Got a Friend〉 역시 담겨 있다. 캐럴 킹의 허스키한 목소리가 나를 울렸다.

> You just call out my name,
> and you know wherever I am
> I'll come running to see you again.
> Winter, spring, summer, or fall,
> all you have to do is call.

이 노랫말대로 내게 그 CD를 선물해 준 사람과 나는 'just a friend'인데, 마침 부족한 것을 메워주는 구원의 손길과 그에 따른 안도감은 무릇 섹스와 비슷하다.

이 세상에 남자와 여자가 있다는 것은 멋진 일이다. 멀리에서 또는 가까이에서 서로에게 끌리는 것은 멋진 일이다. 그렇지 않고서야 산다는 것은 때로 너무 어렵다.

친구가 있다는 호사스러움은 어른에게만 허락된 특권이라고 생각한다. 특히 남성 친구가 있다는 것은. 내가 어른이 되어 참 다행이라고 생각한다. 옆에 남성 친구가 있어 정말 다행이다.

## 까칠한 두 사람

 '좋은 약은 입에 쓰다'는 속담이 있는데, 내게는 그런 남성 친구가 둘 있다. 한 사람은 16년 지우고, 다른 한 사람은 13년 지우다. 두 사람 다 나와 거의 비슷한 세대. 두 사람은 서로 면식이 없다. 만약 이 둘을 만나게 하면 서로 반발하면서도 쿵짝이 아주 잘 맞을 것이라 생각하지만, 그 반발의 격렬함이 무서워 소개할 마음이 생기지 않는다.
 한 사람은 언뜻 보기에도 싹싹하고, 또 한 사람은 말 붙이기가 어려울 만큼 퉁명스럽다. 그런데 두 사람 다 박식하고 유머 넘치는 말투를 구사하면서도 남보다 배는, 아니 열 배는 빈정거림이 심하다. 둘 다 자신에게 성실하고―나는 자신에게 성실하다는 것을 신뢰할 수 있는 인간의 첫째 조건으로 꼽는다―극단적으로 두뇌가 명석하다. 극단적으로 두뇌가 명석한 사람은 그 때문에 상당히 고독하다는 단순한 사실을 나는 그들에게서 배웠다.

본인들은 부정할지 모르겠으나, 그들의 가장 큰 공통점은 본질적인 야성이다. 길들여지지 않은 부분, 잔혹하고 공격적인 부분. 두 사람 다 감정의 중심에 그 두 가지가 부글부글 들끓고 있다.

즉 위험한 남자들이다.

그 두 사람이 왜 '좋은 약은 입에 쓰다'라는 말을 환기시키는가 하면, 둘 다 입바른 소리를 잘하기 때문이다. 그리고 나로서는 상상도 할 수 없는 시각에서 사물을 보기 때문이다.

처음 만났을 때, 우리가 학생이었다는 이유도 있다. 그때는 아직 어려서 모두가 잔인했다. 어른이 된 이후에 비하면 시간과 체력만 넘쳐났다. 그중 한 사람과는 다른 친구들과도 함께 모여 밤마다 술을 마시며 온갖 이야기를 나누었다. 그런 자리에서는 대개 그렇듯 이야기는 토론으로 번지고, 토론은 다시 말다툼으로 번졌다. 간혹 둘이서 그러다 보면, 피차 따지기를 좋아하는 터라 말이 점점 앞으로 달려나가 주저나 후회가 쫓아갈 수 없는 장소에 가버리고 말았다. 그러면 끝내는 둘 다 불행한 기분에 젖어 그저 입을 꾹 다무는 지경에 이르렀다.

그의 말에 따르면 나는 몰상식하고 사회에 적응하지 못하며 자각이 없는 데다 민폐를 끼치는 인간이고, 내 말에 따르면 그는 사회라는 정체 모를 것을 믿는 척하고 있으며, 극단적이고 너무 조심성이 많은 데다 심술궂은 인간이다.

그 친구가 내게 한 말 중에서 인상적인 말이 있다.

"그렇게 '절대'를 원하다니, 세상을 모르는 거지. 진심으로 말하는데, 가오리는 그러다 종교에 의지하게 될 거야."

그때는 그가 왜 그런 말을 했는지 도무지 알 수 없었다.

그는 세상에 '절대' 따위는 존재하지 않는다고 했다. 주관적인 '절대'라도 상관없어, 하고 나는 설명했다. 다른 사람이 보기에는 '절대'가 아니라도 상관없어. 나중에 그 생각이 틀렸다고 생각하게 되어도 상관없고. 그 당시 '이것이 절대 옳다'고 생각되면 그것으로 족하다는 말이야.

설명하면서 나는 슬퍼지고 말았다. 아직 어른이 덜 된 남자들은 자신의 의견을 남에게 말할 때 몹시 불쾌하다는 표정을 짓는다. 말투 역시 그렇다. 과거에 나는 그런 게 겁났다.

다른 한 친구와는 술을 마시며 이야기한 적이 거의 없다. 그는 맨정신으로 말하는 사람이다. 이 친구에게 들은 말 중에서 충격적이었던 것은 "무지는 죄악이야"였다.

그때 그는 나의 무지를 지적하고 규탄한 나머지 이런 말까지 했다.

"나 같으면 수치스러워서 살 수가 없을 텐데."

"하지만, 누구든 모든 것을 다 알 수는 없잖아?"

내가 생각해도 어수룩한 반론이었다.

"모든 것을 다 알 수 없다면서 알려고 노력하지 않는 것을 태만이라고 하지 않나."

그의 말이 옳다고 인정하지 않을 수 없었다.

두 사람 다 잠언의 보고인 것이다. 그들과 있을 때면 나는 남자와 여자의 차이—여러 의미에서—를 통감하고, '남성 친구의 눈'이 얼마나 엄격한지 신선한 놀라움을 느낀다. 학생—직업이 없어서 시간은 남아돌고, 잔인하고 신랄한—시절을 공유했다는 사실이 가장 결정적이었다고 생각한다. 그 후에 만난 다른 사람들에게는 보여주지 않았던 면들을 그들에게는 보이고 말았다(또는 보고 말았다). 중학교부터 단기대학까지 줄곧 여학교에 다녔던 탓에, 내게 그런 남성 친구는 정말 적다.

맨정신으로 말하는 친구와는 한때 편지를 주고받았다. 그가 보내는 편지는 보통을 벗어났다 하리만큼 길고, 난해한 말이 줄줄이 적혀 있었다. 게다가 깨알 같은 글자로 앞뒤를 꼭꼭 채운 커다란 편지지가 몇 장이나 이어졌다. 분쟁을 겪고 있는 조그만 나라의 현황이며 당시 그가 유학 중이던 영국이란 나라의 풍토와 국민성, 인간이 저지르는 죄와 수치, 언어, 과거 그가 유학했던 미국이란 나라에 대한 고찰, 그의 생각에 내가 반드시 읽어야 하는, 그러나 나 자신은 절대 손댈 법하지 않은 이런저런 책에 대한 내용이 각종 문헌의 인용문과 함께 적혀 있었다.

나는 그의 편지를 좋아했다. 몇 가지 흥미로운 사실과, 몇 가지 재미있는 책, 그리고 '산다'는 것에 대한 아주 단순한 하나의 자세를 그에게서 배웠다. 그리고 그 길고 어려운 글 중에 언뜻언뜻 섞여 있는 나날의 발견—뜻하지 않은 장소에서 발견한 민들레와 재미나는 친구와 맛있었던 차에 대해—, 그가 쓰는 꾸밈없고 개인적인 문장 속에 담긴 놀라움으로 가득한 즐거움을 좋아했다.

나와 그의 공통점은 고작 세 가지밖에 없다. 맛있는 것을 좋아하고, 어린이 책을 좋아하며, 단순하다는 것(그는 몹시 화를 내겠지만).

어느 쪽 친구와도 요즘은 통 만나지 못했다. 만나지 않아도 괜찮다고 생각하는 유의 친구인 터라, 나는 그들이 세상 어딘가에서 꿋꿋하게 살아 있음에 늘 위안을 얻는다.

한 사람—16년 지우. 언뜻 보기에 싹싹한 쪽—은 가끔 전화를 걸어준다. 그러면 두 시간은 떠들고 만다. 양쪽 다 말이 많다. 가장 최근의 전화에서 그는 결혼 생활을 유지하고 있는 나에 대해(또는 남편의 인내력에 대해) 놀라고, 내가 일을 해서 그런대로 수입을 챙기고 있다는 것에 대한 놀람을 누누이 늘

어놓았다.

 다른 한 사람—13년 지우. 몹시 퉁명스럽지만 아름다운 편지를 보내주는 쪽—과는 벌써 2년이나 이야기를 나누지 못했다. 마지막으로 만났을 때, 그는 길게 기른 머리를 하나로 묶고서 익숙한 손놀림으로 요리를 만들어 주었다. 아주 맛이 짙은 비프 스트로가노프와 스페인식 커스터드푸딩이었다. 아파트는 구석구석 깔끔하게 청소되어 있었고, 복도의 한 면 전체를 문고본용 책꽂이가 차지하고 있었다. 내가 그 책꽂이를 부러워하자, 그는 "좋지?" 하고 말했다.

 정말 어린애 같은 목소리였다. 나는 그 어린애 같은 "좋지?"를 좋아했다.

## 칭찬




 내 생애 최고의 칭찬, 이라고 생각한 적이 있다. 나보다 서른 살 가까이나 나이가 많고, 경애하는 작가이기도 한 남자가 그 옛날에 내게 해준 말이다.
 "누군가와 같이 여행하면서 이렇게 기분 좋기는 처음이군."
 나는 그때, 앞으로 몇십 년을 더 산들 이 이상 가는 칭찬은 없을 것이라고 생각했다. 내 생애 최고의 칭찬이라고.
 여행이란 몸에 지닌 것으로 결판이 난다. 자신을 위해 마련된 것도 아니고, 있을 곳이 일정하지도 않은 장소에서, 가족도 일도 없는, 자신의 과거나 미래와도 이어지지 않는 장소에서 그 며칠을 어떻게 보낼 것인가. 머리와 마음과 몸과 가방 하나. 그 홀가분함을 제대로 즐길 수 있는지가 관건이라고 생각한다.
 자랑이 아니라 나는 평소 생활에서나 여행지에서나 절대 빠릿빠릿하지 않다. 재치도 없거니와 행동력도 별로 없다. 참을성이 많은 것도 아니고, 딱히 호기심이 왕성하지도 않다. 그러니까 같이 여행하면서 기분이 좋았다는 말이 여행지에서 도움이 되었다는 뜻은 전혀 아니다. 내가 생각해도 나는 참 도움이 안 되는 여자다. 나와 여행을 해본 적 있는 사람들은 모두 이 대목에서 목이 빠지게 고개를 끄덕거릴 것이다.

칭찬이란 하는 사람의 자질을 묻는 것이다. 문장력이 없는 사람에게 글을 잘 썼다고 칭찬을 받아봐야 기쁘지 않고, 미각이 둔한 사람이 어느 레스토랑의 음식을 칭찬한들 신빙성이 없다. 평소 감각이 없다고 생각하는 사람에게 옷차림을 칭찬받는 날은 슬퍼지고 만다. 그러니 그 칭찬이 그토록 기뻤던 것은, 내게는 그가 그야말로 여행의 신 같은 사람이기 때문이었다.

여행에 익숙하다는 것과는 다르다. 그는 프랑스 어도 능숙하고 역사와 문화에도 조예가 깊다. 여행을 많이 해서 여행지에서 갈팡질팡하지도 않는다. 그런 점에서 그는 여행에 익숙하다 할 수 있다. 그러나 문제는 그런 것이 아니다. 시각이 흐려지지 않고 자기의 원래 모습을 잃지 않는다는 점에서는 그는 절대 여행에 익숙한 사람이 아니다. 그는 다만 거기로 간다. 유유하게, 라 하자니 그 말이 너무 부드러워서 표표하게, 라 표현하고 싶은 모습으로.

그는 그곳에서 아주 자연스럽게 처신한다. '보'지만 '견학'은 하지 않는다. '먹'지만 '맛집 순례'는 하지 않는다. 그와 함께 있으면 유쾌한 일은 더욱 유쾌해지고 불쾌한 일은 그저 불쾌한 일로서만 볼 수 있게 된다. 그 풍요로움과 홀가분함은 마치 음악 같다.

그는 상큼하게 여행한다. 그리고 상큼하게 집으로 돌아간다. 여행을 나설 때나 돌아갈 때나 즐겁게. 그리고 내 생각에, 만에 하나 어떤 사정이 생겨 돌아갈 수 없게 되면 그는 그 상황을 받아들일 것 같다. 모든 것을 버리고 그곳에서 살아갈 것 같다.

물론 그렇게 말하면 본인은 부정할 것이다.

"버리다니, 무슨 소리. 왜 버려야 하나? 아내가 기다리고 있는데. 여자도 기다리고 있고."

그는 현실에서는 아무것도 버리지 않는다. 하지만 버릴 각오는 되어 있다. 여행한다는 것은 본질적으로 그런 것이다.

그런 사람에게 칭찬을 들었으니, 나는 정말 기뻤다.

"빠릿빠릿하지도 않고, 재치도 없고, 별 도움도 안 되지만, 다음에 또 같이 여행해요."

기쁜 나머지 들뜬 목소리로 그렇게 말했을 정도다.

남자 웃어른을 남성 친구라 하기가 조심스럽지만, 그래도 그 남자는 내게 최고의 남성 친구라 하지 않을 수 없다. 학식은 풍부하지만 게으르고, 듬직하지만 동시에 지극히 가련하고, 인생을 즐기는 기술과 인생을 감내하는 각오, 양쪽을 갖고 있다. 풍요로운 여행을 할 수 있다는 것은 풍요로운 인생을 살고 있다는 것과 비슷하다.

그가 즐겨 사용하는 말에 '여자'가 있다. "그 사람은 아무개의 여자니까"라든지 "여자가 기다리고 있어서 돌아갑니다"라고 말한다. 나는 그의 그 말을 좋아한다. '아내'도 '연인'도 '여자 친구'도 아닌 '여자'. 그 말의 정당함과 매몰참과 섹시함. 유감스럽게도 나는 '그의 여자'가 아니다. 하지만 그에게 내가 '그냥 여자'라는 것이 마음에 든다.

있는 그대로의 그의 모습은 여행길에 오르면 더욱 도드라진다. 일도 가정도 일단 내려놓고 아무 연고도 없는 장소에서 함께 움직여볼 때.

한번은 그를 포함해 친구 대여섯 명과 함께 남쪽 섬에 간 적이 있다. 그는 남자치고는 상당히 큰 짐을 들고 있었다. 그저 며칠 동안의 여행인데 가방이 크네, 하고 생각했다. 뭐가 들어 있을까, 하고.

그가 들고 온 짐의 정체는 파레오허리에 두르는 비치 웨어—옮긴이와 노트북이었다. 남쪽 섬에서 파레오를 사겠다는 사람은 있겠지만 지참하는 사람은 그리 흔치 않다. 그것도 몇 장이나. 그 파레오의 알록달록한 색감은 잊지 못할 것이다. 그는 신 난다는 듯이 그것을 몸에 빙빙 휘감았다. 저녁때에는 외출용(?) 파레오를 다시 휘감았다. 나는 놀라고 또 감동했다. 파레오를 휘감는 행위가 그와 정말 잘 어울렸기 때문이다.

내가 아는 한, 그는 바쁘다느니 일이 힘들다느니 하는 말을 한 적이 없다. "바쁘세요?" 하고 물으면, "아니, 한가한데" 하고 대답한다. 그는 일이 재미있어서 어쩔 줄 모르겠다고 한다. 손쉽게, 즐겁게, 어느 틈엔가 일을 하고 있는 것처럼 보인다. 그런 그가 여행지에 노트북을 들고 왔기에 나는 내심 무척이나 바쁜 모양이라고 생각했다. 마감에 쫓기나 보다고. 훗날 다른 친구에게서, 그가 아마 노트북을 새로 산 직후라서 신이 나서 들고 다녔을 것이라는 추론을 들었다.

나 역시 그럴지도 모르겠다고 생각한다. 아주 그다운 일이다. 하지만 사실은 쫓겼을지도 모른다. 우리 앞에서는 태연한 얼굴을 하고 있었지만, 사실은 날짜가 바투 다가와 아등바등했는지도 모른다. 그런 것도 그답다.

바닷가에 있는 집, 유리창으로 햇빛이 쏟아지는 거실에서, 아침에 파레오를 휘감고 노트북을 치던 그의 뒷모습의 진실이 어느 쪽인지는 아무도 모른다. 그런 사람이다.

자신의 본질로 돌아가 여행한다는 것은 내가 생각하는 남성 친구와 여성 친구에 어울리는 행위라고 생각한다. 내 생애 최고의 칭찬을 해준 그 사람에게 부끄럽지 않을 여행자이고 싶다.

## 남자다움의 정의

 이건 나의 이기심이다. 어느 모로 생각하나 이기심이라는 것을 잘 알고 있다. 그러니 화내지 마시길.

 내게는 남성 친구가 하지 않았으면 하는 행동이 한 가지 있다. 여성 친구가 그러면 별 신경이 쓰이지 않는데, 남성 친구가 그러면 화가 나든지 슬퍼지든지 실망한다. 대개는 이 감정들이 한꺼번에 몰려온다.

 둘이서 술을 마시는데 먼저 가버릴 때. 물론 사전에 볼일이 있다고 미리 알렸거나 몸이 불편할 때는 이야기가 다르다. 그 어느 쪽도 아닌데, 그럼 난 이만 가볼게, 하면서 가버리면 허걱, 하고 생각한다. 허걱, 가버리는 거야? 날 여기다 내버려두고(그러니 미리 말한 것이다. 이건 나의 이기심이라고)? 그야 혼자 마시는 것도 나쁘지는 않지만 그건 처음부터 혼자 마셨을 경우다. 또는, 난 여기서 좀 더 마시다 갈게, 하고 내가 먼저 말했을 경우(그러니까 이기심이라는 거다). 그런 경우가 아닐 때는 혼자 내버려두지 않았으면 좋겠다.

나는 과거 "보기, 보기, 당신의 시대는 좋았지. 남자가 반짝반짝, 폼 잡을 수 있었지" 하고 노래한 사와다 겐지에게 감동을 먹었던 여자다. 내 남성 친구들은 모두 그 사실을 알고 있다(고 생각한다). 그 사실은 모른다 하더라도 내가 그런 여자─반짝반짝 폼 나는 남자를 좋아하는─라는 것은 틀림없이 알고 있을 것이다(더불어 앤 루이즈의 노래 〈롯폰기 동반 자살〉에서 "말로는 안 되지, 남자다움을 보여줘" 하는 부분도 무척 좋아한다).

무슨 소리를 하고 있는 건지 모르겠다. 그래, 남자답다는 것에 대해 이야기 중이었다.

내가 말하는 남자다움은 남자의 인간다움을 뜻한다. 그러니 딱히 칭찬의 말은 아니다. 단순히 남자 인간은 남자 인간답지 않으면 곤란하다는 말이다. 그리고 남자 인간이라면, 여자를 술집에 혼자 두고 가버려서는 안 된다는 것. 나는 그런 상황을 정말 싫어한다. 버려진 기분이 든다. 아니, 엄밀히 말하면 실제로 버려진 것이다. 그런 건 남성 친구가 할 짓이 아니다.

젊은─그래 봐야 서른 살 정도─친구 중에 한 명, 절대로 그러지 않는 남성 친구가 있다. 그는 어떤 사람인가 하면, 우선 섬세하게 생겼고 섬세한 안경을 끼고 있다. 청결한 옷차림에 긴팔 셔츠의 소매를 두어 번 접어 입는다. 그런 때 보이는 손목이 아름답다. 책을 많이 읽는데 나와는 독서 취향이 달라서 이야기하다 보면 새로운 발견이 있고 재미있다. 예를 들어 나는 이시이 신지라는 작가의 책을 그를 통해 알았다.

그는 단어를 많이 사용한다. 말이 많다는 뜻이 아니다. 한 가지 이야기를 하는 데에 아주 성실하게, 거의 기를 쓰다시피 하며 단어를 찾는다. 에너지를 아끼지 않는다. 하고 싶은 말이 얼마나 정확하게 전달되는지, 그의 의식은 그 한 점에 집중된다. 뭐랄까, 논문을 발표하는 과학자 같은 분위기다.

그는 한 번도 나를 술집에 내버려두고 간 일이 없다. 물론 내가 특별한 여자라서가 아니다. 다른 여자 역시 절대 혼자 버려두고 가지 않을 것이라고 생각한다. 돈이 넉넉해 보이지도 않는데 "마지막 전철 시간이……"라는 말은 꺼내지 않는다. 하지만 그는 이렇게 말하리라. 당황스럽고 난감하다는 듯이, 하지만 단호한 평소의 말투로.

"에쿠니 씨, 그건 아니죠. 오해입니다. 나는 그냥 모를 뿐이에요. 어떻게 해야 할지 모를 뿐입니다. 그런 자리의 분위기를 망치면 안 되고, 적절한 타이밍이 언제인지 생각하다 보면 시간이 그냥 지나가버리니까. 남자다움이라니, 그런 거 조금도 없습니다."

그러나 내가 말하는 남자다움(남자의 인간다움)은 바로 그런 것이다.

"아니, 그건 말이죠. 난 그저, 뭐랄까, 그러니까, 가령 에쿠니 씨의 술잔이 비었다고 해요. '어떻게 할래요?' 하고 묻겠죠. 그런데 에쿠니 씨가 '같은 걸로' 하고 말했다 쳐요. 그러면, 아, 더 마실 생각이구나, 그렇게 생각할 뿐. 그러니까 부화뇌동이랄까……."

바로 그게 포인트다!

"아니죠. 그런 데에 혼자 두고 갔다가 나중에 무슨 일이 생겨도 곤란하고, 아무튼 여러 가지 생각을 하게 되니까 그러지 못하는 겁니다. 그뿐이에요."

머뭇거리고, 삼간다는 것. 이런 일은 할 수 없다는 경계선이 있다는 것. 그런 게 전부 남자다움이라고 생각한다. 여자가 하면 여자다움. 어느 쪽이든 오늘날, 우리가 잃어가고 있는 것. 그러니까, 인간성의 붕괴.

그럼에도 여전히 그는 남자다움이란 말에 아마 난색을 표할 것이다. 난색을 표하는 그의 방식은 독특하다. 그는 "싫습니다" 하고는 몸을 푸르르 떨지도 모르겠다. "민망하군요"라 고쳐 말하고는 다시 "사실 잘 모르겠습니다" 하고 덧붙일지도 모르겠다. 그건 그냥 남자답다는 말이 왜곡된 형태로 인식되어

온 탓이라고 생각한다.

남자다움과 남자스러움은 다른 것이다. 남자다움은 아주 일반적인 것이라서 칭찬할 거리가 없다. 그러나 남자스러움은 주관적으로 아주 멋진 일이다. 주관적으로 말해서, 나는 칭찬을 마구 늘어놓지 않을 수 없다. 다만 오해를 사면 곤란하니까 말해두는데, 나는 남자스러운 남자를 좋아하는 게 아니다. 모든 남자의 남자스러움을 좋아한다, 아마도.

예의 남성 친구는 어떤 면에서는 아주 남자스러운 성격을 갖고 있기도 하다. 인간은 남자와 여자밖에 없다. 어느 쪽이든 기본적으로 인간다워야 한다고 생각한다. 그리고 나는 남자 인간의 남자스러움을 사랑한다.

사실 나와 그는 그리 친하지 않다. 서로 안 지 불과 몇 년밖에 되지 않았고, 그리 자주 만나는 것도 아니다. 아마 대인 관계에서 보이는 일종의 성실함이 죽이 맞아 그와 사이가 좋은 것처럼 느끼는 것이리라. 좀 이상한 표현이지만, 만나서 밥을 먹을 때만, 또는 술을 마실 때만 아주 친해진다.

평소 그를 만나고 싶어 하는 일은 없다. 그 역시 그러리라. 우리는 만날 일이 있어서, 혹은 어쩌다 서로가 아는 사람이 있어서 만나는데, 만나면 왠지 아주 사이가 좋은 듯한 기분이 든다. 그 자리에서만큼은 서로에게 진심으로 대한다는 것이 그와 나의 공통점이리라. 일반론에 익숙하지 않다고 바꿔 말해도 좋다. 그렇기 때문에 더욱 머뭇거리고, 삼가고, 생각한다.

 알았다! 내가 생각하는 남자다움과 여자다움은 일반론에 길들지 않는 것이다. 숲에 홀로 사는 야생동물처럼, 그때그때 혼자 힘으로 생각하는 것이다.

# 찰나

마더 구스의 노래에 이런 구절이 있다.

남자아이는 무엇으로 만들어졌을까?

남자아이는 무엇으로 만들어졌을까?

개구리로 달팽이로

강아지 꼬리로

그런 것들로 만들어졌지


여자아이는 무엇으로 만들어졌을까?

여자아이는 무엇으로 만들어졌을까?

설탕과 향료

멋진 모든 것

그런 것들로 만들어졌지

남자와 여자는 상당히 다르다. 생물학적으로 다른 데다, 서로 다른 역사를 살아왔으니 당연하다고 생각한다. 그리고 그 차이는 남성 친구와 여성 친구 사이에서 가장 행복하게 즐길 수 있다고 생각한다. 부모 자식이나 부부, 연인, 형제자매 간에서 이 차이는 종종 언쟁의 씨앗이 된다.

 가령 너저분하게 어질러진 방이 오히려 편안하다는 남자가 있다고 하자. 아내는 화를 내겠지만 여성 친구는 화내지 않는다. 양말을 뒤집어 벗어놓고는 다음 날 아침 그걸 또다시 신는 남자가 있다고 하자. 어머니는 주의를 주겠지만 여성 친구는 신경 쓰지 않는다. 외식 하면 무조건 라면을 꼽는 남자가 있다고 하자. 연인은 얼굴을 찡그리겠지만 여성 친구는 개의치 않는다.

 가령 화장하는 데 한 시간이 걸리는 여자가 있다고 하자. 남편은 짜증을 부리겠지만 남성 친구는 신경 쓰지 않는다. 멋에 너무 신경을 쓴 나머지 묘한 꼴을 한 여자가 있다고 하자. 아버지는 나무라겠지만 남성 친구는 아무 말 하지 않는다. 툭하면 우는 여자가 있다고 하자. 연인은 넌더리를 내겠지만, 남성 친구 눈에는 그것도 하나의 개성으로 비친다.

 나는 그것을 유쾌한 일이라고 생각한다. 결점도 게으름도 수용한다기보다 신경 쓰이지 않는 관계. 물론 결점이나 게으름도 원래 개성의 하나이고 실질적인 해가 없는 한 매력적일 수도 있다.

7년 전에 남편과 결혼했을 때, 친구라면 신경 쓰지 않을 텐데, 싶은 일이 여러 가지 있었다. 신경 쓰지 않을 수 없는 슬픔에 가슴이 먹먹했다.

하지만 남성 친구는 다르다.

나는 그들에게 정말 아무 신경 쓰지 않는다. 어떤 면을 목격해도(또는 이야기로 들어도), 호오, 그래, 하고 생각할 뿐이다. 호오, 재미있는데. 호오, 개성적이네. 호오, 유별나네. 그렇게. 그리고 대개의 경우, 그 점 때문에 더욱 좋아하게 된다. 온갖 부정적인 면이 긍정적으로 뒤바뀔 수 있는 관계라 할 수 있다.

친구 중에 매력적인 남자가 한 명 있다. 그는 세상 많은 남자들이 가지고 있다고 여겨지는 결함 — 독신인데 집안일을 하지 않고, 편의점 도시락으로 끼니를 때우고, 청결하다 할 수 없는 방에서 지내며, 매일 밤 술에 절어 몸을 망치고, 외출도 싫어한다. 말이 없고, 그렇기 때문에 연인이 생겨도 마음을 제대로 전하지 못한다(못하는 듯하다) — 을 몸소 실천하고 있다. 그뿐 아니라, 그게 뭐가 나쁘냐고 뻐기기까지 한다.

나는 물론, 하나도 나쁘지 않다고 말한다. 이건 진짜 거짓말이 아니다. 만약 '이 사람 정말 대책 없는 사람이네' 하는 생각이 들면, 남자든 여자든 이미 그 사람에게 홀딱 빠져 있는 상태인 것이다.

'정말 대책 없는 사람이네.'

나는 그를 만나면 그렇게 생각한다. 어머니나 여동생이었다면 걱정이 될 것이다. 아내나 연인이라면 화도 낼 것이다. 하지만 나는 깊은 밤 술집에서―그와는 늘 술집에서 만난다―정말 대책 없는 사람이네, 하며 어깨를 톡톡 두드리고는 술을 마실 뿐이다. 물론 친구로 지내온 세월을 생각해서, 좀 더 깨끗하게 살아야 여자들이 좋아하지 않을까, 왜 그렇게 배짱이 없어, 끼니는 제대로 챙겨 먹어야지 안 그러면 분위기가 음산해져, 하고 말은 해보지만 그 말 속에는 알게 모르게, 그런 부분도 매력이기는 하지만, 이라는 마음이 슬며시 녹아 있다.

연애 문제에 관한 한, 남성 친구든 여성 친구든 제삼자로 존재해야 한다고 생각한다. 그런 문제에마저 친구로서 개입하려 한다면, 별 재미 없다.

그런데 그 친구는 주당이면서 "내일 아침 일찍 나가봐야 해서"라느니 "어제 너무 많이 마셔서" 하면서 빨리 가고 싶어 한다. 나는 그런 짓을 당하면 버려진 기분이 들기 때문에 그만 거친 말―"그렇게 마음이 약해서야"라느니 "성장할 줄을 모른다니까!" 하고―을 내뱉고 마는데, 그때는 입장이 뒤바뀐다.

"참 대책 없는 사람이로군."

그가 씁쓸하게 웃으면서 그렇게 말하는 것이다. 그러고는 조금 더 함께 있어준다. 아버지도 연인도 아닌 사람이니 받아주는 것이리라.

몇몇 사람이 그런 식으로 나를 받아주었다. 행복한 일인지 불행한 일인지 모르겠다. 다만 좀 즐거운 일이기는 하다.

짐짓 점잖게 조언을 하거나, 상대를 위해 진지하게 고민해주는 것만이 우정은 아니다. 경우에 따라서는 무책임이나 악의도 좀처럼 얻기 어려운 만남의 장을 만들어준다. 다양한 사람과 다양한 장소에서, 다양한 방식으로 만나 살아갈 수밖에 없다면, 아예 깔끔하게—그러나 성실하게—찰나적이고 싶다.

아주 개인적으로 말해서, 나는 그 반대 상황에 대한 갈망이 강하다. 반대 상황이란, 누구든 한 인간 앞에서만 내가 나다울 수 있는 상황. 그럴 수 있다면 얼마나 좋을까 하고 생각한다. 찰나적이지 않아도 되는 상황, 굳이 온갖 곳에서 진심을 다하지 않아도 되는 상황.

하기야 늘 그런 소리만 해대니 남성 친구에게 "대책 없다"는 말을 듣는다는 것을, 떨떠름하지만 알고는 있다.

# 시간의 흐름

그는 원래는 아빠의 친구고, 뉴욕에 오래 살았다. 14년 전, 내가 미국에서 유학하게 되었을 때, 이래저래 걱정이 많았던 아빠가 나를 그에게 소개했다. 긴자였나 롯폰기였나, 아무튼 셋이서 식사를 함께한 기억이 있다.

"맹하고 부족한 것이 많은 딸이야. 아무쪼록 잘 부탁하이."

아빠는 그렇게 말하면서 고개를 숙였다. 나는 옆에 얌전히 앉아 있었지만, 속으로는 시집가는 딸 부탁하는 격이군, 하고 생각했다.

그런데 정작 그는 전날 일 때문에 만난 여자 작사가가 얼마나 섹시하고 예뻤는지만 내내 아빠에게 늘어놓았다. 아빠 옆에 앉아 있는, 이제 유학길에 오르려는 딸 따위는 안중에 없다는 식으로 보였다. 지금 돌이켜 생각해보면, 그 여자 작사가는 그야말로 그가 좋아하는 타입이었다. 나긋나긋하고 명랑하고, 그러면서도 허망하고. 딱이다. 그의 취향이야 어떻든 상관없는 일이지만, 아무튼 나는 그렇게 그를 만났다.

케네디 국제공항에 도착하자, 그가 나를 마중하러 나와 있었다. 짙은 초록색의 커다랗고 아주 아름다운 차를 타고서. 좌석 시트도 짙은 초록색 가죽이고, 스피커에서는 모차르트가 흘러나왔다. 구름 끼고 쌀쌀한 날의 저녁이었다.

그의 차 안에서는 크레파스 냄새가 났다. 촛농 비슷한 냄새. 나는 그 냄새가 마음에 들어 가슴으로 깊이 들이마셨다.

1년 동안의 유학 기간 중에 나는 몇 번인가 그 차를 탔다. 그럴 때마다 세련된 가게의 점심이나 값비싼 일본 음식을 얻어먹었다. 그로서는 친구에게 부탁받은 딸을 잠시 돌봐주는 것에 지나지 않았지만, 내게는 약간 특별한 데이트였다. 그는 정말 멋진 남자였으니까. 어떻게 멋지냐 하면, 풍요롭고 늘 유쾌해 보였다.

가난한 유학생으로서 안심은 물론, 호화로운 데이트였던 것은 말할 필요도 없다. 그리고 나는 그에게 많은 것을 배웠다. 소박하고 장난스러운, 사전에는 실려 있지 않은 영어. 다양한 습관과 종교가 있는 생활의 세세한 부분. 지금 거리에서 유행하는 것. 흥미로운 전시회. 구사마 야요이 일본의 조각가 겸 설치 미술가—옮긴이. 이번 공연을 놓치면 두 번 다시 들을 수 없을 레퍼토리의 음악회. 미국의 노인들에 대해서. 노후를 보내는 장소로서의 애리조나에 대해서도.

그는 아름다운 일본어를 구사했지만, 나는 왠지 영어 같은 일본말이라고 생각했다. 논리적이고 긍정적인 말투였다. 이야기한다는 행위에 늘 유머가 따라다녔다. 나는 그가 선택하는 단어를 좋아했다.

딱 한 번 그가 자기 이야기를 해주었다. 가족에 대해서, 여자에 대해서, 일본에 대해서 어떻게 느끼는지를. 우리는 그의 차 안에 있었다. 그날 역시 구름 끼고 쌀쌀했다. 나는 그의 말을 이해할 수 있을 것 같았다. 그가 하는 말 하나하나를 잘 알 수 있을 것 같았다. 그는 그렇게 이야기하는 사람이었다. 그런데 '맹하고 부족한 것 많은 딸'에게 충분히 이해한다는 말을 들으면 뜻밖이라 여길 것 같아 이해한다는 말은 하지 못했다. 그저 잠자코 들었다. 크레파스 냄새가 나는 차 안에서.

그에게 나는 친구의 딸이지만, 그는 한 번도 나를 어린애 다루듯 하지 않았다. 언제나 동등한 입장에서 이야기했다. 주어가 명확하고 영어 비슷한 일본어로.

그 후 뉴욕에서 친구가 생겨 그를 귀찮게 하지 않고 지낼 수 있게 되었지만 그래도 나는 간혹 전화를 걸어 그를 만났다. 1년의 유학을 끝내고 별일 없이 뉴욕에 머무르고 있을 때나 귀국 후 가끔 뉴욕에 놀러 갈 때에도.

그는 지금도 뉴욕에 살고 있다. 전에 다니던 회사를 그만두고 회사를 차렸다. 일본으로 돌아올 마음은 없는 듯하다. 그는 예쁜 고양이와 가족과 함께 지내고 있다.

일 때문에 일본을 찾은 그에게서 연락이 오면 나는 만사를 제쳐놓고 만나러 간다. 뉴욕에 있을 때와 조금도 다르지 않은 모습―반듯하게 양복을 차려입고 느긋하게 다리를 꼰―으로 미소 지으며 앉아 있는 그를 보는 순간, 나는 이곳이 도쿄라는 것도, 내가 이미 스무 살 남짓한 여자애가 아니라는 것도, 일을 하고 있고 수입도 있다는 사실도 전부 잊어버린다. 콜라와 셰프 샐러드밖에 먹지 않고, 수업 중에 영어를 따라가지 못해 절절매고, 앞날을 어떻게 살아가고 싶은지 스스로도 모르는 데다 허름한 꼴을 하고 있는 그 시절의 여자애로 돌아가고 만다.

물론 지금 나는 허름한 꼴은 하고 있지 않다. 도쿄에서 날마다 맛있는 것도 먹고, 일을 하고, 친구도 있고, 남편과 강아지라는 새 가족도 생겼다. 전시회나 음악회에도 그의 조언 없이 가고 있다. 즐겁게 지내고 있는데도, 어쩐지 그때로 돌아가고 만다.

시점을 특정할 수는 없지만, 언제부터인가 그가 나를 친구로 인정하고 있는 듯한 기분이 든다. 친구의 딸이 아니라 그의 친구로. 그것은 멋진 일이었다. 그렇기에 뉴욕에 갈 때마다 나는 뻔뻔하게도 그를 찾아갈 수 있었고, 아빠에게는 소개하지 못했던 당시의 남자 친구를 그에게는 소개할 수 있었다. 시간의 흐름이란 잔인한 것이지만, 때로 멋진 일도 선사해준다. 우정에 있어서는 특히.

가장 최근에 그를 만난 것은 도쿄에서였다. 몇 번째인지는 모르겠으나 그의 책이 출간되어(제목이 『건강을 위해서라면 죽어도 좋다!』라니!) 축하 파티가 있었다. 발이 넓은 사람이라 각계의 저명한 인사가 대거 참석했다. 조그만 꽃다발을 들고 달려가자 그는 여느 때처럼, 그리고 다른 여자들에게 그러듯, 볼 옆에다 입을 맞추는 인사를 해주었다. 이것은 내가 친구의 딸이었던 시절에는 절대 해주지 않던 인사였다.

## 판타지

　과거 사랑했던 남자인데 그 후로 한 번도 만나지 못한 사람은 한 명밖에 없다. 다른 사람들과는 지금도 간혹 만난다. 좋은 일인지 나쁜 일인지 모르겠다. 하지만 격렬하게 사랑하다가 헤어졌다면 두 번 다시 만나지 않고 나를 사랑했던 젊었을 때 모습 그대로 기억 속에만 존재하는 편이 아름다울 것 같다.

　그런데 현실은 그렇게 돌아가지 않는다. 사랑한 경험이 적었던 탓도 있겠지만, 그래도 몇 번인가 사랑을 했다. 내가 사랑했던 남자들은 한 사람을 제외하고는 전부 남성 친구가 되었다.

　물론 바람직한 인간관계에는 늘 우정이 포함된다. 동성이든 이성이든, 상사와 부하든, 어머니와 딸이든, 형제든 부부든 연인이든. 그래서 더욱 나는 그런 사람들을 친구라 부르고 싶지 않다. 친구 같은 연인이라느니, "엄마랑 사이가 좋아서 엄마가 최고의 친구 같아요"라는 사람이 있는데, 나는 그렇게 말하는 것이 아주 싫다. 그렇게 말한다면 가령 책이나 곰 인형, 담요,

벽에 붙어 있는 포스터도 친구라면 친구라 할 수 있지 않은가. 그 기분은 알지만 하고 싶지 않은 말이란 게 있다. 내게는 '친구 같은 ○○'가 그런 말이다.

따라서 연인을 남성 친구라 하고 싶지는 않지만 전 연인은 남성 친구다. 상대에게 나의 본성이―적어도 본성의 단편이―알려져 있고, 나 역시 상대의 본성을 아는 관계. 이는 꽤 맛깔스러운 관계다.

그런 남성 친구 중에 그가 있다. 그와는 지금 1년에 한 번 정도밖에 만나지 않는다. 오해를 무릅쓰고 이야기하자면, 나는 지금도 그를 깊이 사랑하고 있다. 오히려 옛날보다 더 사랑하고 있다고 생각한다. 연애 감정은 흔적도 없이 싹 사라졌지만 사랑은 착실하게 깊어졌다고 생각한다.

그는 정이 많은 남자로 나보다 스무 살 이상이나 나이가 많은데, 줄곧 독신 생활을 하고 있다. 그래 봐야 대개 여자와 살고 있으니 이름뿐인 독신이기는 하지만. 그는 새로운 여자와 사랑에 빠질 때마다 그녀를 입이 마르도록 칭찬하고, 자랑하고, 소개해준다. 지금까지 세 여자를 소개받았다.

그중 세 번째 여자, 현재 그의 연인과 나는 비교적 사이가 좋다. 그녀는 피아노를 좋아해서 우리 집에 피아노―싸구려 전자 피아노인데―를 치러 온다. 그의 아파트에는 악기를 들여

놓을 수 없다고 한다. 이사하면 될 텐데. 아무튼 그런 사정이 있어 그녀는 가끔 우리 집에 온다. 그것도 오토바이를 타고.

그녀는 나보다 두 살 위고, 마음씨 곱고 배짱이 좋은 여자다. 우리의 공통된 화제는 그 사람밖에 없기 때문에 만나면 늘 그의 이야기를 한다. 버터 토스트나 과일이나 그녀가 들고 온 슈크림을 먹으면서.

얼마 전에 그가 바람을 피웠다(는 것 같다). 그녀는 내게 전화를 걸어 사건의 전말을 이야기했다. 그때는 이미 그와 그녀 사이에서 이야기가 끝난—바람을 피운 상대와 깨끗하게 헤어지기로 했다—상태여서, 내게 전화를 건 이유는 딱히 뭘 의논하자는 게 아니라 그냥 '들어보라'는 유의 것이었다.

그리고 며칠 후, 오랜만에 그를 만났다. 그녀와 내가 통화하는 동안 자신도 옆에 있었다면서 피식 웃고는 그 일을 이야기하기 시작했다.

당연히 나는 건설적인 말은 한 마디도 해줄 수 없었다. 바람도 적당히 피워야지, 여자 친구를 슬프게 하면 안 되지 등 그런 말을 할 성격도 아니고 그럴 수 있는 입장도 아니다. 내가 그런 사람이라는 것은 그녀도 알고 있다고 생각한다. 나는 그에게 여성 친구지 연인이 아니기 때문에, 가령 그가 나쁜 짓을 한 경우에도 나는 늘 그의 편이다.

그날 우리는 일 때문에 만났는데, 일을 끝내고서 한 시간 동안 함께 차를 마셨다. 그는 바람피웠다는 게 들통 났을 때 그녀—같이 살고 있는 연인—가 보여준 태도를 찬양했다. 못 당하겠다고 하면서. 나는 그때 정말, 그에게 그녀처럼 대범한 연인이 있어 다행이라고 생각했다. 진심으로.

과거에 사랑했던 남자와 여자가 친구가 되려면, 필요한 것이 두 가지 있다. 한 가지는 서로에게 조금도 미련이 없을 것. 다른 한 가지는 양쪽 다 행복할 것. 행복이란 애매한 말이기는 하지만……. 즉, 제대로 살고 있을 것. 일이든 친구든 가정이든 연인이든, 아무튼 자신이 있을 곳을 갖고 있을 것. 그러면 오랜만에 만났을 때 가공의 존재처럼 처신할 수 있다. 편하지만 현실적으로 얽히지 않는 상대.

내가 동경하는 여자 중에 크루엘라가 있다. 디즈니 애니메이션 〈101마리의 달마시안 개〉에 나오는, 손가락 사이에 파이프를 끼고 있는 은발의 악녀. 나는 과거 연인이었던 남성 친구를 만날 때면 내가 크루엘라가 된 기분이 든다. 살아 있는 여자가 아닌 가공의 여자. 그것은 홀가분하고 기분 좋은 일이라 여겨진다. 귀찮지 않은, 유쾌한 일인 것처럼.

아마 판타지를 좋아하는 것이리라. 현실을 좋아하는 사람 성격에는 맞지 않는 우정의 형태인지도 모르겠다. 하지만 내 생각에, 남자에게 여자는, 여자에게 남자는 애당초 서로가 판타지다.

언제든, 그 누구에게든, 살아간다는 것은 힘겨운 일이다. 그러니 가끔은 판타지로 도피해도 좋지 않은가, 그렇게 말하고 싶다.

## 친구가 하는 가게

그 가게는 우리 집에서 걸어서 15분 거리에 있다. 카운터 자리 뿐인 조그만 가게로, 서른네 살의 사장님이 강아지와 함께 꾸려가고 있다. 시바 견인 그 강아지는 영리하고 귀엽다. 목욕도 자주 하는지 깔끔하다. 그 강아지가 카운터 위를 걸어 다니기 때문에 강아지를 싫어하는 사람은 들어갈 수 없는 가게다. 어스름한 카운터 안쪽에는 레코드가 죽 꽂혀 있다. 주로 1970년대 음악인 듯하다. 신청한 곡의 레코드가 있으면 틀어준다. 손님은 술을 마시면서 음악을 듣는다.

이 가게의 사장님에 대해 쓰려고 한다. 그에 대해서 나는 아무것도 모른다. 하지만 그는 나에 대해 조금 알고 있다. 어떻게? 내가 종종 나의 회오리바람에 그를 끌어들이기 때문이다. 예를 들면, 술에 곤드레가 된 나를 그가 집에 데려다 준 적이 있다(그래서 그는 나의 생활 공간을 목격했다). 부부 싸움을 하고 뛰쳐나가 강아지와 함께 하룻밤 신세를 진 일도 있다(가

게는 새벽 4시까지인데, 그날은 남편이 출근하는 7시까지 거기에 있었다. 그는 콘플레이크에 우유를 부어 나와 강아지에게 주었다).

그 가게에는 주로 혼자 가는데, 가끔은 동생과 함께 가기도 한다(그래서 그는 내 동생과도 사이가 좋다). 그가 그 가게를 시작하기 전에 다른 가게에서 일하던 시절, 나는 당시 좋아했던 남자와 함께 그 다른 가게를 자주 찾았다(그래서 그는 내가 좋아했던 사람도 본 적이 있다).

나는 그에 대해서 잘 모르는데도 그는 그렇게 나의 여러 면을 알고 있다. 그러니 내가 불리하다. 예를 들면, 어린애 취급을 당한다. "이제 그만 가요, 동생에게 전화 걸어 데리러 오라고 할까요?" 이렇게.

일단 말해두는데, 나는 그 가게에서 곤드레가 된 일은 있어도 술주정을 한 일은 없다. 투덜거리지도, 시비를 걸지도, 속내를 털어놓지도, 인생 상담 비슷한 것도 하지 않았다. 한 번도. 그런 것을 몹시 싫어하는 데다, 실제로 나와 그는 별로 이야기를 나눈 적이 없다.

그런데, 지난주에 웬일로 이야기를 나누었다. 그때 반갑게도 고마운 말을 들었기에, 이렇게 글로 쓰고 싶어진 것이다.

"연하게 타지 말아요."

세 잔째 진 토닉을 주문하면서, 나는 늘 하던 말을 했다.

"그 말, 옛날부터 생각하고 있었는데, 그쪽이 과민한 겁니다."

평소에는 귀찮다는 듯이 "아, 네" 하던 그가 "아, 네" 대신 그렇게 말한 것이다.

"나는 장사하는 사람이니까 그런 걱정 말아요."

그는 오사카에서 태어났고, 그의 아버지도 술집을 경영하는 듯하다.

이 대화에는 설명이 필요하다. 나는 옛날부터 어떤 종류의 가게든 가게 사람과 손님이 지나치게 가까워지는 것은 불편한 일이라고 생각하고 있다. 그래서 6년 전에 우연히 그 가게에 들어갔다가 그와 다시 만난 후로 이따금 그곳에 들를 때면 친해지지는 말자고 스스로를 단속했다. 옛날 소설이나 텔레비전 드라마를 보면 술집 여주인이 단골손님인 아저씨에게 아내나 어머니처럼 친절을 베푸는—잠이 들면 담요를 덮어주고, 때를 봐서 술을 연하게 타는—장면이 있는데, 세상에서 그런 일이 얼마나 실제로 벌어지는지는 모르겠지만, 나는 그런 아저씨와 여주인의 관계를 아주 기분 나쁘게 생각한다.

그러니 곤드레가 된 나를 집에 데려다 주었을 때는 미안하고 부끄러워서 한동안 그의 가게에 가지 않았고, 사과의 표시로 캔 수프를 보냈다. 물론 선물을 보냈으니 되었다는 말이 아니

II 남성 친구의 방 • 145

다. 도움을 베풀거나 받아도 되는 사이가 아니라는 뜻이다.

그런데 지난주에 "연하게 타지 말아요"라고 했더니 "나는 장사하는 사람이니까 그런 걱정 말아요" 하고 대답한 것이다.

나는 이내 사과했다. 목소리가 화가 난 것처럼 들렸기 때문이다. 사과한 후에 조심조심 이렇게 말했다.

"그게, 얼마 전에 나를 데려다 주기도 했고, 내가 사장님을 친구처럼 생각하고 있다고 여겨지면 안 되니까."

"나는 친구로 생각하고 있는데요."

그러고는 이렇게 덧붙였다.

"하지만 술을 묽게 타거나 메뉴에 없는 안줏거리를 내놓지는 않아요."

"메뉴에 없는 안줏거리?"

잊고 있었다. 오래전에 예의 텔레비전 드라마에나 나올 법한 술집 여주인과 아저씨 관계에 대해 내가 혐오스럽다고 말했을 때, "메뉴에 없는 안줏거리를 내놓기도 하고"라고 말했단다.

나는 웃고 말았다. 그도 그럴 것이 그 가게에는 술과 팝콘밖에 없다. 안줏거리가 나올 리가 없다.

"그때도 말했잖아요. 친구를 데려다 준 것이지 단골손님을 데려다 준 게 아니라고."

나는 또 미안해서, "그래요, 그랬죠" 하고 대답했다. 그의 앞에서 나는 언제나 존댓말을 쓴다. 아주 자연스럽게 그렇게 된다. 별로 친하지 않으니까.

대답하면서 그럴 수도 있겠다고 생각했다. 친하니까 친구인 것은 아니다. 같이 논 적이 있고 이야기한 적이 있는, 그런 과정을 거쳐야만 친구가 된다고도 할 수 없다.

과연, 이런 사이도 친구일 수 있겠군.

그런 생각이 들자, 나는 기뻤다.

신뢰할 수 있다, 는 것인지도 모른다. 이 사람의 인간성을 신뢰할 수 있다고 생각하는 것. 시바 견에 비하면 이상하게 파마를 해서 머리는 부스스하고 너저분하지만 체격만큼은 단단한 그가 하는 그 가게는, 내게는 친구가 하는 가게다.

# 재회

 신이란 존재를 믿고 싶어지는 순간이 있다. 가령 뜻하지 않은 때 뜻하지 않은 장소에서 뜻하지 않은 사람과 우연히 마주친 순간. 그럴 때면 거의 '찬란한'이라고 해도 좋을, 눈부신 환희에 젖는다.

 시내에 있는 책방에서 고등학교 시절 반 친구를 거의 20년 만에 우연히 만났을 때, 그녀와 그리 친했던 것도 아닌데 무척이나 반가웠다. 묘한 표현이지만, '두 번 다시 만날 수 없을 것이라고 생각했는데' 또는 '오래전에 죽었다고 생각했는데'에 가까운 기분이었다. 그녀는 아이를 셋이나 데리고 있었다.

"네가 낳은 거야?"

 내게 그녀는 아직 고등학생이었기 때문에 놀라서 묻자, 그녀는 온 책방 사람들의 주목을 끌 만큼 들뜬 목소리로 대답했다.

"그러엄, 내가 낳았지."

 선 채로 2, 3분 이야기하다가 우리는 헤어졌다. 헤어진 후, 나는 한참이나 멍했다.

  미국 대학에서 알고 지낸 일본인 남자와 오사카의 한 책방에서 딱 마주친 적도 있다. 13년 만이었는데, 그가 너무도 여전한 모습이어서 금방 알아보았다. 금방 알아는 보았는데, 조금도 변하지 않아서 오히려 순간적으로 믿기지 않았다.

  그는 나보다 약간 젊지만, 그렇다고 해도 30대였을 것이다. 티셔츠에 청바지, 스니커즈, 그리고 백팩. 미국 장거리 기차역의 대합실에 가면 세 명 정도는 족히 있을 타입의 젊은이로 보였다. 열차 시간표와 샌드위치까지 손에 들고 있으면 완벽하다. 시간이 휘리릭 소리 내며 과거로 돌아가는 듯한 기분이 들었다.

  "어떻게 된 거야? 왜 여기 있는데? 오사카에 살아? 아니면 여기가 필라델피아?"

  내가 묻자 그는 소리 없이 미소 지었다.

"변했네."

"그렇지, 이제 스물셋이 아닌데."

  내가 대답하자 그는 고개를 끄덕이고는 말했다.

"그런데 나는 변하지 않았지?"

  자랑스럽게가 아니라 왠지 미안하다는 듯이 그는 그렇게 말했다.

"성장하지 못하고."

나는 뭐라 말하면 좋을지 몰라 난감해하며 침묵했다. 물론 나 역시 조금도 성장하지 않았어, 하고 말했어도 좋았을 것이다. 그게 사실이고, 또 그렇게 말하고 웃고 싶은 기분이었다. 그 시절 그대로야, 라고. 그런데 막상 말로 하면 거짓말처럼 들릴 듯했다. 그래서 어쩔 줄 몰라 침묵했던 것이다.

"차 마실 시간 있어?"

내가 묻자 그는 고개를 끄덕였다. 우리는 지하 쇼핑가에 있는 카페로 들어갔다.

더운 날이었다. 내가 차가운 단팥죽을 주문하자 그는 웃으면서 말했다.

"단 거 좋아하는 건 변함없군. 에쿠니 씨가 '프렌들리스'의 창가 자리에서 믿기지 않을 만큼 수북한 파르페를 혼자 먹는 거 자주 봤었지."

그리고 우리는 친구들의 소식에 대해 두런두런 이야기했다. 그는 내가 쓴 책을 몇 권 읽었다고 했다. 나는 고맙다고 했지만 동시에 난감했다.

떠오르는 일이 있다. 벌써 몇 년 전, 고바야시 기세 씨의 『아시안 저패니스』라는 책을 처음 보았을 때 일이다. 저자가 아시아 각 나라를 다니며 그곳에서 만난 일본 젊은이들을 사진에 담고, 그들에게서 들은 이야기를 문장으로 정리한 그 책은 페이지를 팔락팔락 넘기기만 했는데도 강렬하게 내 그리움을 자극했다. 거기에 찍혀 있는 남자나 여자나 꼭 아는 이들 같았다. 내 친구들은 분명 그런 모습이었다.

우리는 그리운 친구들에 대해 이야기를 나눴다. 언제나 방에 커다란 산토리 레드 위스키 병이 있고 실내화를 신고 거리를 걸었던 앗 짱, 정치가가 되겠다고 결심했던—그리고 실제로 되고 말았다—마사토 씨, 아름답고 화려하고 대담한 성격에 사랑하는 차 벤츠에는 푸아송 향수의 향이 배어 있고 친구 관계를 소중히 여겼던 지유키, 옷 안에 코르셋을 입고 있을 것이라고 내가 오래도록 믿었던 근육질의 마코토.

"다 같이 미국에 또 가고 싶군."

그가 말했다.

"가면 되지, 가자. 재미있을 거야."

나도 그렇게 대답했다. 하지만 그 바람은 당분간은—우리가 나이가 한참 들어 노년이 될 때까지는—실현되지 못할 듯한 기분이 들었다. 해마다 그들이 보내주는 사진 담긴 연하장은 매년 누군가의 가족이 늘었고 누군가는 승진했다고 알려준다. 우리는 모두, 서로 다른 장소에 있는 것이다.

"부딪쳐보지 뭐."

단팥죽을 다 먹고서 나는 말했다.

"용감하군."

그가 말했다. 나는 그때, 그가 좀 얄미웠다. 그래서 이렇게 말하고 말았다.

"좀 얄밉다, 너."

그리고 눈앞에 있는, 그 시절과 조금도 다르지 않게 상냥하지만 미덥지 못한, 그러나 나보다는 훨씬 더 '성장'한 그를 그야말로 반짝반짝 빛날 정도의 기쁨으로 바라보았다.

재회는 멋지다. 물론 친구는 양으로 따질 수 없지만, 그래도 많이 있으면 인생이 즐겁다. 설사 두 번 다시 못 만난다 해도, 그들이 어디선가 그들답게 살고 있을 것이라고 생각할 수 있음이 나를 꿋꿋하게 받쳐준다.

역시 신은 있군.

그와 헤어져 한여름의 오사카 지하 쇼핑가를 걸으면서 나는 그렇게 생각했다.

## 자그마한 돌이 박힌 귀걸이

 기본적으로 아이를 싫어하기 때문에 친구가 아이를 데리고 놀러 오겠다고 하면 나는 소스라친다. 어쩔 줄 몰라 우왕좌왕한다. 이상형을 물으면 여자나 남자나 "아이들을 좋아하는 사람"이라고 대답하는 사람이 있는데, 나는 그 심리를 잘 모르겠다. 수수께끼다. 아무튼 나 자신은 아이들에게 가까이 다가가지 않도록 하고 있다.

 그런데, 한 사람 예외가 있다.

 그는 초등학교 2학년이니까 분류하자면 아직 아이지만, 상당히 교양 있는 내 친구다. 내 친구가 그를 낳았으니, 그는 내 친구의 아이이기도 한데 그 점은 본질적인 것이 아니다. 내 눈에 그는 무척 성숙한 인간으로 보인다. 언제나 주위 상황을 이해하고 조심스럽게 행동하며 보통 어른보다 유머에 찬 말투를 구사하는 데다 참 친절하다. 실제로 그를 만나면 나는 늘 놀라게 된다.

'지하철 박물관'이라는 그가 좋아하는 장소에서는 내 친구(그의 엄마)와 나를 완벽하게 에스코트하면서 지하철에 관한 해박한 지식을 들려주었다. 게다가 당시 그는 유치원생이었는데도 "좀 더 걸어도 괜찮아요?"나 "짐 들어드릴까요?" 하는 페미니스틱한 말까지 해주었다.

처음 우리 집에 놀러 왔을 때는, 방을 하나하나 점검하듯 들여다보고는 "여기는 몇 평이네요" 하고 그 넓이를 정확하게 맞힌 데다 "튤립 무늬와 커튼 색이 잘 맞아서 귀엽네요"라느니 "어질러져 있기는 해도 느낌은 좋아요"라느니, 옆에서 보기에 딱하리만큼 애써 칭찬해주었다.

"피아노 쳐도 돼요?"

그가 공손하게 묻기에 그러라고 했더니, 아주 짧은 곡(역시 신경을 쓴 것이다)을 악보 없이 친 후, 주인인 나도 모르는 자동 연주 기능이라는 것을 10초 만에 발견해 그 자리에 있던 사람들 — 그의 엄마를 제외하고 — 을 놀라게 했다. 기계에 강해,라면서 그의 엄마만 놀라지 않았다. 과연 엄마다.

이런 일도 있었다. 찻집에 같이 갔는데, 그와 마주 보는 자리에서 내가 담배를 피웠더니 그가 불쑥 이렇게 말했다.

"연기 뿜을 때마다 일일이 위를 향하지 않아도 돼요."

아주 어른스러운 말투였다. 그의 부모는 양쪽 다 담배를 피우지 않는데, 그때 나는 그가 나에게 담배를 피우는 나쁜 습관을 허락했다는 느낌이 들었다. 아마 무의식적으로 '일일이 위를 향해' 연기를 뿜은 모양인데, 그가 만약 어린애 앞에서는 담배를 피우지 말라고 했더라면 나는 오기로 씩 웃으며 "어린애가 참견은"이라고 반응했을 것이다. 그의 허락에 나는 황송해지고 말았다.

그는 나를 '가오리 짱'이라고 부른다. 그 호칭에 어리광이나 아양이 털끝만큼도 들어 있지 않은 것에 나는 늘 감동한다. 어린애가 '짱'을 붙여 어른을 부를 때, 거기에는 대개 그런 것들이 포함되기 때문이다. 그는 그 말을 아주 공정하고 대등한 소리로 들리게 발음한다.

죽어도 그런 말은 하지 않겠지만, 만에 하나 내가 그에게 "우린 친구지?"라고 한다면 그는 이상하다는 표정을 지으며 진지하게 "아니죠"라고 할 것이다. 그것이야말로 내가 그를 남성 친구라고 여기는 이유다. 분류를 거부할 수 있다는 것. 서로에게 주관적일 수 있다는 것. 어디까지나 일대일이라는 것.

그런데 나는 친구가 여자아이를 낳으면 그 여자아이에게 이렇게 말하고 싶다.

"멋진 여자가 되어야 해. 멋진 여자가 되어서 남자를 울리는 거야."

또 친구가 남자아이를 낳으면 그 남자아이에게는 이렇게 말하고 싶다.

"멋진 남자가 되어야 해. 여자를 울리지 않는 멋진 남자가 되는 거야."

그 차이는 어디에서 오는 것일까. 멋진 여자는 남자를 울리지만 멋진 남자는 여자를 울리지 않는다는 느낌이 내 안에 있는 듯하다. 여자는 멋진 남자 때문에 제멋대로 우는 것이지, 그가 울려서 우는 것이 아니다.

어린아이들을 보면서 생각한다. 이렇게 어린데도 남자니 여자니 하네. 그리고 세상은 참 재미나네, 하고.

내게 남성 친구는 채소 수프와 비슷하다. 커피나 담배나 초콜릿(연인이나 남편)만큼 가깝지는 않지만, 오히려 그것들보다 특별하다 할 수 있다. 호사스럽고 따뜻하고 행복하다. 몸과 마음에 부드럽다. 나는 옥수수 수프도 감자 수프도 리크서양파—옮긴이 수프도 아스파라거스 수프도 좋아한다.

음, 이제 초등학교 2학년짜리 수프 이야기로 돌아가자. 작년 생일에 나는 그와 그의 엄마에게서 선물을 받았다. 조그맣고 짙은 감색 돌이 박힌 귀걸이였다. 그가 골랐다고 한다. 그의 엄마는 좀 더 사랑스러운 색감을 좋아하는 여자인데, 그가 "그렇게 귀여운 색은 별로야" 하며 반대한 것 같다. 나는 놀라지 않을 수 없었다. 열세 살 때 만나 지금까지 20년 넘게 친구로 지내온 그녀보다, 바로 얼마 전에 태어난 그가 나의 모습이며 걸치는 것들을 정확하게 관찰하고 있으니.

하기야 "선글라스 끼고 담배 빠끔빠끔 피우는 가오리 짱에게는 이게 더 잘 어울려"라고 했다는 그의 코멘트에, 그렇구나, 나는 그런 이미지로구나, 하고 생각하면 내가 원한 바는 아니라는 기분이 살짝 들기도 하지만.

내게 장신구를 골라 준 남자는 거의 없다. '거의'라는 말은 애매하니까 솔직하게 말하면 두 번밖에 없다. 그 두 번째가 작년 생일이다. 그 조그맣고 짙은 감색 돌이 박힌 귀걸이를 할 때마다 나는 무슨 이유에선지 아주 부끄럽다.

### Ⅲ 갖고 싶은 것들

가수의 무엇이 부러우냐 하면, 우선 몸이 무기라는 것. 종이도 연필도 필요하지 않다. 나 자체가 자산이다. 그 정직함에 끌린다. 정직한 몸에 대한 동경과도 연관이 있을 것이다.

# 세 가지 소원

바바라 파커의 『의혹 Suspicion of Innocence』이라는 소설 속에 이런 대사가 등장한다.

"남자가 행복하기 위해 필요한 것은 그리 많지 않지. 많으면 오히려 구속되니까 말이야."

인상적이었다. 흠, 남자는 경제적인 생물이군, 이라 생각했다.

린 S. 하이타워의 『절단점 Eyeshot』이라는 소설에는 할아버지가 손녀를 데리러 가는 장면이 있는데, 할아버지는 손녀의 가방이 아주 작은 것을 보고 놀란다.

"자, 옷이랑 책을 더 가지고 오려무나. 가져가고 싶은 것은 다 챙겨 가자. 여자니까 짐을 한껏 가져가야지. 커다란 크라이슬러니까 무엇이든 실을 수 있다."

흥미롭다고 생각했다. 과연 여자는 갖가지 것들이 필요하다. 손톱을 손질하는 줄이며, 향수, 초콜릿, 실내화 등등. 나날의 소소한 행복을 위해서.

개인적으로는 홀가분한 것이 최고라고 생각하기 때문에 여행을 떠날 때도 짐이 많지 않은데, 그래도 많은 것이 필요하다. 갖고 싶은 것도 아주 많다. 앞으로 1년 동안, 갖고 싶은 것에 대해 쓰려고 한다.

우선 세 가지 소원.

"세 가지 소원을 들어주지."

이 말은 옛날이야기에 흔히 등장한다. 가령 황금 물고기는 어부가 자신을 살려주자 그 보답으로 조심스럽게 위와 같이 제안한다.

지금 이 제안을 받는다면 나는 뭐라고 대답할까.

세 가지 소원에 대해서 나는 어렸을 때부터 생각해온 것이 있다. 미리 대비하라, 뭐 그런 것이다. 지금 두 번째까지는 정해져 있다. 계속 일할 수 있게 해달라는 것, 그리고 죽을 때는 사랑하는 남자의 품에서 죽을 수 있게 해달라는 것. 간단하다. 문제는 세 번째.

세 번째로 사람이 바라는 것. 즉, 경제적인 안정(일)과 정신적인 안정(남자) 다음에 오는 것. 어떤 의미에서는 '여분'이라고도 말할 수 있고, 본질적으로는 '사치'인 것.

나는 사치를 무척 좋아한다. 가령 모든 악기를 연주할 수 있는 능력. 세 번째 소원으로는 그런 것도 좋겠는데, 하고 생각한다. 또는 아무리 먹어도 1그램도 몸무게가 늘지 않는 몸. 그런 것도 좋다. 매일 아침 몇 종류의 과일이 열리는 조그맣고 아름다운 나무가 한 그루 있으면 좋겠다고도 생각한다.

얼마든지 생각해낼 수 있다.

달이 갖고 싶다고 안달을 해서 주변 사람들을 난감하게 한 공주님 이야기가 있다. 제임스 서버의 동화였다고 기억한다. 하지만 현실에서는, 달이 갖고 싶다고 할 때 난감한 것은 주변 사람들이 아니라 본인이다. 오르지 못할 나무를 동경하는 것은 괴로운 일이다.

그래도.

그래도 여자라면, 뭔가를 동경하는 에너지를 아끼는 그런 여자만큼은 되고 싶지 않다는 생각도 하게 된다.

## 우물

우물이 있었으면 좋겠다.

오래도록 그렇게 생각했다. 뭐라 설명할 수 없이 간절하게 우물에 끌린다. 뒷마당에 우물이 있다면 얼마나 마음 편하고 또 마음 설렐까. 애당초 우리 집에 뒷마당 따위는 없지만, 지금 그 점은 제쳐두자.

뒷마당의 흙은 늘 촉촉할 것이다. 우물은 돌로 되어 있으니 밑쪽에는 이끼도 좀 끼어 있다. 우물의 돌은 여름에는 시원하고 겨울에는 따가울 정도로 차가우리라. 도마뱀이 달라붙어 가만히 쉬고 있을지도 모르겠다. 조그만 개구리를 보는 일도 있을 것이다. 나는 그들과 우물을 공유한다.

할아버지와 할머니 집 뒷마당에는 우물이 있었다. 한여름, 우물물은 믿기지 않을 만큼 차갑고, 꿈처럼 시원했다. 얼마든지 물을 퍼 올릴 수 있다는 그 풍요로움 때문에 수도가 있는 집에 사는 것보다 한결 사치스럽게 느껴졌다. 비록 어렸지만 알 수 있었다. 수원이 있다는 실감.

할머니가 돌아가시자 자리보전하신 할아버지를 도쿄로 올라오게 하면서 우리 부모님은 그 집을 포기했다. 뒷마당에 우물이 있는 그 집을.

그 집에 갈 때면 나는 불이 나도 염려 없다고 생각했다. 우물물을 퍼다 끄면 되니까. 수도가 고장 나도 괜찮다, 우물물이 있으니까. 뒷마당의 생물들은 모두 우물의 보호 속에 있다, 도마뱀도 개구리도 나비도 나도. 그렇게 생각했다. 사람은 믿는 대상에게서가 아니면 보호받을 수 없다.

만약 우물이 생긴다면 나는 그 물을 마시고 그 물로 손발을 씻으리라. 우물물에 과일과 맥주를 담가 시원하게 하리라. 화분에도 넉넉하게 뿌려준다. 뒷마당은 늘 물기에 젖어 싱그럽고, 사람이 없어도 생기로 넘치리라.

때로는 뚜껑을 열고 들여다본다. 그곳은 깜깜하고 깊은 정적에 싸여 있다. 냉기가 스르륵 올라온다. 소리를 내면 살짝 메아리치면서 소리가 밑으로 내려간다. 다른 세계로. 뒷마당에 다른 세계가 있다는 것에서 오는 안도감!

펌프질을 하는 것은 아주 행복한 노동일 것이다. 끼익 끼익 나는 소리도 유쾌해서, 나는 그만 웃고 만다. 펌프는 녹이 슬어 아름다운 적갈색이다. 그것은 햇볕에 그을린 노인의 강건한

피부처럼 듬직하고, 멋지고, 또 사랑스러우리라.

연인이 찾아오면 나는 반가움에 발걸음도 가볍게 우물에 가서 그 시원한 물을 한 컵 가득 퍼 올린다. 연인은 맛나게 그 물을 마신다. 꿀꺽꿀꺽, 목이 꿈틀거리면 나는 그 모습을 황홀하게 바라본다.

우물은 늘 거기에 있다.

나는 보호받는 기분이 들 것이다. 어린 시절처럼. 위스키 칵테일도 우물물로 만든다. 한낮에 나는 뒷마당에서 그것을 마신다. 선 채로, 몸에 좋은 음료수로서.

역시 우물이 있으면 좋겠다고 생각한다. 마지막에는 몸도 던질 수 있으니까.

## 상어 이빨

어렸을 때부터 이가 약했다. 이가 약하다는 것은 즉 잘 썩는다는 뜻이다.

양치질을 좋아해서 곧잘 이를 닦는다. 치약도 늘 세 종류나 갖춰두고 있다. 그냥 평범한 치약 — 현재는 포장과 향이 마음에 들어서 '아로날'이라는 스위스 제품을 사용하고 있다 — 과 담배를 피우기 때문에 담뱃진을 없애기 위한 '잭트 라이언', 그리고 잇몸 건강을 위해서 소금 맛이 느껴지는 '엑세스'. 그것들로 아침, 점심, 저녁 이를 닦는다.

그런데 아무리 잘 닦아도 이가 썩는 것은 왜일까. 우리 아빠도 이가 약했는데, 생전에 "너는 이를 잘 닦는데도 충치가 생기니, 닦으나 마나 아니냐"라는 논리로 이를 잘 닦지 않았다.

물론 나는 『사자에 씨』도 『심술꾸러기 할머니』도 『블랙 잭』도 『가리아게 군』도 전권 치과 로비에서 읽었다. 치과는 청결하고 안심할 수 있는, 그리 나쁘지 않은 장소다. 게다가 나의 주치의는 의술이 뛰어나서 30년 가까이 신세를 지고 있으니 뭐라 말할 수 없이 고맙다. 하지만, 그래도 가능하면 가고 싶지 않은 장소다.

상어는 이빨이 얼마든지 새로 난단다. 부럽다. 얼마든지 새로 난다면 이빨이 부러져도 빠져도 걱정이 없다. 그러니 성격이 포악해질 만도 하다. 만약 내게 상어 이빨이 난다면, 나는 생선을 통째로 먹을 것이다. 머리도 뼈도 아작아작 깨물어 먹는다. 등갈비 같은 것도 뼈째로 날름 해치운다. 모두들 기겁을 하리라. 와일드한 여자라고 소문이 날 거다. 하지만 그런 식생활을 하면 피는 진해지고 뼈는 강해지고 내장은 튼튼해질 것이다. 그러면 카스텔라나 팬케이크처럼 부드러운 음식은 먹고 싶어지지 않을 것 같다.

혼자라도 전혀 상관치 않으리라. 담배 때문에 이가 더러워져도 개의치 않고, 밤에 무서운 꿈을 꿔도 겁에 질려 떨지 않고 유유자적하게 지낸다. 표정이 좀 험악해질지도 모르지만, 그런 것쯤 아무렇지 않다. 강함을 자랑스러워할 것이다. 어지간히 용감한 사람이 아니면 가까이 다가오지 않는다. 그러면 아마도 달밤에 드넓은 바다를 혼자 헤엄치는 듯한 기분이리라. 마음껏 해방된다.

그럼 더는 치과에도 가지 않아도 된다. '아로날'도 '잭트 라이언'도 '엑세스'도 사지 않아도 된다.

　내게 상어 이빨이 난다면, 나는 상어처럼 고독할 것이다. 하지만 반짝거리는 이빨을 내보이며 당당하게 드넓은 바다를 헤엄쳐간다.

# 모자

커다랗고, 머리에 착 감기고, 한껏 유쾌한 모자가 하나 있으면 좋겠다. 멋을 위한 것도 아니고 햇빛을 가리거나 방한 등의 기능을 위한 것도 아닌 그냥 즐거움을 위한, 행복해지기 위한 모자.

우선은 넉넉하고 깊이 눌러쓸 수 있는 모양이어야 한다. 그리고 부드럽고 두툼한 천으로 만든, 세상에 단 하나뿐이고 오직 나만을 위한 모자여야 한다. 『이상한 나라의 앨리스』에서 모자 장수가 쓰고 있던 그런 모자다. 다만 나는 부드러운 모자를 원하니까, 그 실크 모자에서 딱딱한 심을 다 빼버려야 한다.

구체적으로는 숲처럼 짙은 초록색 벨벳으로 흘러내릴 것처럼 넉넉하게 만든, 꽃으로 꾸며진 모자를 갖고 싶다. 꽃은 물론 생화여야 한다. 친구들의 사진이나 해변에서 주운 유리, 건포도, 말린 무화과, 특별한 날에 마신 와인의 코르크 마개, 기념 반지 등 좋은 것으로 오밀조밀 꾸민다. 소소하고 정거운 것들. 그것들을 모자에 직접 붙이거나 가늘고 튼튼한 실에 꿰어 늘어뜨린다.

화려하기보다는 엉뚱한 모자.

그것은 내 머리 모양에 딱 맞게 만들어졌기 때문에 기분 좋게 머리에 휘감긴다. 귀도 완전히 덮고, 얼굴도 절반 가까이 가리는 그 모자를 쓰면 마음이 넉넉하고 푸근해지리라. 유쾌하고, 노래라도 부르고 싶은 기분으로.

그런 모자가 있으면 좋겠다. 그 모자를 쓰고 밖으로 나간다는 것은, 그러니까 내 방도 고스란히 이동한다는 뜻이다. 행복한 기억도 세계도 고스란히. 헤밍웨이는 파리라는 도시를 '이동하는 축제 날'이라 평했는데, 내 모자 역시 그런 것이다. 개인적인 '이동하는 축제 날'.

어렸을 때는 모자를 싫어했다. 성가시다고 생각했다. 털모자나 밀짚모자는 따끔따끔했고, 헝겊 모자는 더웠다. 조금 더 커서는 다른 이유로 모자를 싫어했다. 모자는 키가 크고 머리가 작은 사람에게만 어울린다는 이유였다.

하지만, 최근 이런 생각이 들었다. 모자란 원래 모양이 기묘한 것인데, 적어도 도시 생활을 하는 사람들은 애당초 개인의 쾌락을 위해 모자를 쓰지 않았을까 하는.

나는 쾌락을 아주 좋아한다. 『이상한 나라의 앨리스』의 모자

장수처럼, 또는 『무민』의 스너프킨처럼, 철저하게 자기만의 스타일로 모자를 쓰는 게 좋다. 기묘하든 유별나든 상관없다. 나는 나만의 모자를 쓰고 강한 마음으로 즐겁게 살고 싶다.

## 하늘이 내려준 가창력

 6, 7년 전 일이다. 신디 로퍼의 콘서트에 갔다가 돌아오는 버스 안에서, 만약 다시 태어날 수 있다면 가수로 태어나고 싶다고 생각했다. 신디 로퍼는 하늘이 내려준 가수다. 그때 그 공연장에서, 그녀의 목소리는 물이 솟아나는 샘 같았다. 나는 그녀에게서 샘솟는 노래가 내 귀가 아니라 세포 하나하나에 스며드는 것을 느꼈다.

 가수는 '되는 것'이 아니라 '태어나는 것'임을 분명하게 알았다. 그러니 내게 만약 신디 로퍼의 가창력(및 영혼)이 있다면, 직업적으로 노래를 하든 안 하든 나는 가수다, 아마도. 그러면 나는 우리 집 거실 한가운데에서 다리를 어깨 너비 정도로 벌리고 우뚝 서서 몸속에서 샘솟는 노래를 부르리라. 노래는 끝없이 샘솟지만 나는 조금도 지치지 않는다. 왜냐하면 타고난 가수니까. 신디 로퍼의 가창력이 있으니 악기는 필요치 않다. 아카펠라로 충분하다. 매 곡마다 혼으로 노래하니까 모든 노래가 가스펠처럼 들릴지도 모르겠다. 동요마저도. 그 노래는 땅에서 양분을 끌어 올려 탐스러운 꽃을 피운 식물과 비슷할지도 모른다.

나는 어렸을 때부터 노래를 좋아해서 집에서도 곧잘 노래를 불렀다. 하지만 속도가 엄청나게 느린 데다 왜 그런지 목소리가 너무 불안정해서 나 자신조차도 들어줄 수가 없다.

"네가 부르는 노래는 어째 다 불가(佛歌)로 들리는구나."

아빠에게 이런 소리를 종종 들었다. 아닌 게 아니라 모두 엇비슷하게 들리는지, 노래를 마친 뒤 제목을 말하면 사람들 대부분이 놀란다. 전혀 그 노래로 들리지 않았다고 한다.

가수의 무엇이 부러우냐 하면, 우선 몸이 무기라는 것. 종이도 연필도 필요하지 않다. 나 자체가 자산이다. 그 정직함에 끌린다. 정직한 몸에 대한 동경과도 연관이 있을 것이다.

나는 육체를 좋아한다. 스포츠를 위한 육체, 노래를 위한 육체, 아름다운 육체, 연애를 위한 육체 등등. 기분이 참 좋겠지, 하고 생각한다. 자신의 육체를 사용해서 청중의 몸과 마음을 채울 수 있다면 나는 달랑 가방 하나 들고서 전 세계를 여행할 것이다. 노래하면서. 각지를 돌며 그곳에 오래전부터 전해 내려오는 노래를 배운다. 내 몸 안의 노래하는 샘은 점점 더 풍부히 차오르리라.

가능하면 광장 한가운데에서 노래하고 싶다. 태양 아래에서. 달빛 아래에서. 하늘이 내려준 가창력으로. 신디 로퍼처럼 사랑으로 가득한 노래를 부른다. 또는 칼리 사이먼처럼 촉촉하게 젖어드는 노래를. 만약 남자 가수로 태어난다면, 오자키 기요히코의 가창력을 원한다.

# 당나귀

 엄마가 동물을 좋아해서 나는 줄곧 강아지나 고양이, 때로는 둘 다와 함께 지내왔다. 지금 나는 강아지와 살고 있다. 동물과 함께하는 생활은 멋지다.

 언젠가 당나귀와 같이 살고 싶다. 자그마한 회색의, 어루만지면 탄탄하고 따스한 당나귀와. 검은자위가 커다랗고 동글동글한 당나귀의 눈은 참 순해 보인다. 몸에는 짧은 털이 빽빽하게 나 있다. 말보다 소박하고 귀엽다.

 토미 드 파올라의 그림책에 '갈색에 털이 텁수룩한(shaggy and brown)' 한 당나귀가 등장한다. 그는 '나(I)'라는 일인칭으로 말한다. 예수를 태워 옮기는 역할이다. 조심스럽고 사려 깊어 보이는 그 당나귀가 마음에 들어 몇 번이나 거푸 읽었다.

 스페인의 시인 히메네스가 쓴 『프라테로와 나』에 등장하는 프라테로도 말이 없고 순하고 멋진 당나귀다. 그는 '나'와 함께 온 동네를 타박타박 느긋하게 산책한다.

『곰돌이 푸』에 나오는 당나귀 이요르도 운치가 있다. 비관적인 면도, 철학적인 면도.

만약 우리 집에 당나귀가 있다면 나는 꼭 한방에서 그와 같이 잘 것이다. 밤중에 눈을 떴을 때, 창문으로 새어드는 달빛 속에서 그 또는 그녀의 모습이 소리 없이 떠오른다면 뭐라 말할 수 없이 아름다우리라.

밥도 같은 부엌에서 먹는다. 당나귀는 아마 양동이에 담긴 밥을 오물오물 먹으리라. 과일은 전부 나눠 먹는다.

나는 운전을 못하니까 어디든 당나귀를 타고 간다. 당나귀가 나의 자동차다. 비 내리는 날에는 우산을 쓰고 당나귀를 탄다.

장을 볼 때는 당나귀 목에 바구니를 걸어 데리고 간다. 수박이나 맥주, 강아지 사료 등 무거운 것을 사도 염려 없다.

집을 개조하고, 목수에게 당나귀 전용 화장실을 만들어달라고 한다.

나는 당나귀에게, 당나귀가 등장하는 책을 읽어준다. 당나귀는 얌전히 귀 기울이리라.

생일과 크리스마스에는 목에 커다란 리본을 묶어준다. 나의 당나귀는 회색이니까 옅은 파란색이 어울릴 것이다. 갈색 벨벳 리본도 좋을 것 같다.

〈야성의 엘자〉가 개봉했을 때, 엄마는 사자를 갖고 싶다고 했다. 또 동생은 옛날에, 이유는 모르겠지만 기린을 키우고 싶다고 주장했다. 언젠가 우리 셋의 소원이 이루어지면, 사자와 기린과 당나귀를 데리고 피크닉을 가고 싶다. 화창한 가을날이 좋겠다. 셋 다 신이 날 것이다. 신이 나면 늘 그렇듯, 엄마와 여동생은 별것 아닌 일에도 웃음을 터뜨린다.

  세 동물은 여유로운 모습으로 각자의 주인을 바라본다. 아빠가 살아 있다면 어이없어할 테고, 내 남편은 겁을 먹을 것이다. 하지만, 미망인이 된 엄마와 독신인 동생, 그리고 남편과 따로 살고 있는 나까지, 셋이서 언젠가 그런 피크닉을 가고 싶다.

## 능수버들 같은 허리

 능수버들 같은 허리, 라는 말이 있다. 여자의 가늘고 나긋나긋한 허리를 표현한 말이다. 나는 그런 허리를 동경한다. 다이어트를 하면 몸무게가 줄어들기는 하지만 허리가 능수버들처럼 되지는 않는다. 능수버들 같은 허리가 되려면 특별한 자질이 필요하다. 가련함 같은 것. 곧은 심지 같은 것. 슬릿 드레스나 기모노가 어울리는 사람은 단연 허리가 능수버들 같은 여자다. 물방울무늬도.

 능수버들 같은 허리를 한 여자는 남자가 한 팔로 끌어안기에도 딱 좋다. 나이가 들어도 허리가 능수버들 같은 여자에게는 다소 요염한 느낌이 있다. 마음대로 주무를 수 없을 듯한 느낌, 남자 품 안에서 가만히 있지 않을 듯한 느낌.

 말도 참 곱다. 능수버들 같은 허리.

 유곽을 뜻하는 화류라는 말에도 '능수버들 유' 자가 들어 있다. 또, 이건 나의 단순한 믿음일 뿐이지만, 미망인을 뜻하는 영어 'widow'와 버드나무를 뜻하는 영어 'willow'는 아주 비슷하다. 더구나 내가 'widow'라는 단어를 알게 된 것은 영화 〈메리 위도The Merry Widow〉를 통해서였으니, 버드나무와 여자를 연결시킬 때 가련하면서도 심지가 곧고, 애처로우면서도 밝고, 거기다 섹시하기까지 한 복잡한 이미지가 되는 것이다.

내가 구체적으로 떠올릴 수 있는 예는 딱 한 여자뿐이다. 디즈니 만화 영화 〈101마리의 달마시안 개〉에 나오는 쿠르엘라. 기다란 파이프도 롱 드레스도 쇼킹한 그 짧은 은발도, 능수버들 같은 허리이기에 모양새가 산다. 비록 그 만화 영화 속에서 악역이지만 나는 그녀의 자서전이 있다면 읽어보고 싶다. 크루엘라라는 여자의 고상하면서도 애처로운 면에 끌리는 것이다.

능수버들 같은 허리를 가진 여자에게는 어딘가 고상한 부분이 있어야 한다. 그렇지 않으면 분위기가 너무 쓸쓸해진다.

나는 능수버들 같은 허리를 가진 여자의 심술은 용납한다.

그리고.

나는 애당초 버드나무를 좋아한다. 해마다 봄이 오면, 활짝 핀 벚꽃보다 새순이 돋은 버드나무 쪽에 훨씬 더 눈길을 빼앗긴다. 버드나무의 신록은 더없이 아름다운 베이비 그린이고, 그것이 햇살 속에서 살랑살랑 흔들리는 모습은 눈이 부실 정도다. 그 점은 '버드나무는 바람도 개의치 않는다'는 말이나 '버들가지는 눈에도 꺾이지 않는다'는 말에도 잘 드러나 있다.

버드나무는 천연덕스럽게 바람을 통과시킨다. 상큼하고 자유로운 느낌이다. 능수버들 같은 허리를 가진 여자가 되기 어렵다면, 버드나무 같은 여자라도 되고 싶은 마음이다.

# 운전 능력

 운전 능력이 있었으면 좋겠다. 운전 면허증이나 차(남편 것이지만), 주차장, 차를 탈 필요랄까 동기 ― 강아지와 함께 외출하고 싶다! ― 는 있는데, 운전 능력은 철저하게 없다.

 방향 감각과 운동 신경도 없지만, 가장 심각한 문제는 동요하기 쉬운 성격이다. 자동차에는 운전하는 사람의 심리가 실로 여실하게 반영된다. 마음이 흔들리면 차도 흔들린다. 운전할 때 내 마음은 건드리면 툭 터질 듯한 상태기 때문에, 5초 간격으로 휘청휘청 흔들린다.

 옆으로 오토바이가 추월해 갈 때 ― 그래, 앞질러 가고 싶겠지. 이렇게 천천히 달리니 ― 면 깜짝 놀라서 마음도 핸들도 흔들린다.

 근처에서 경적이 울려도 그렇다.

 옆 차선으로 트럭이 지나가도 그렇다.

 어린애나 강아지를 보면, 설사 그들이 보도에 있다 해도 뛰어

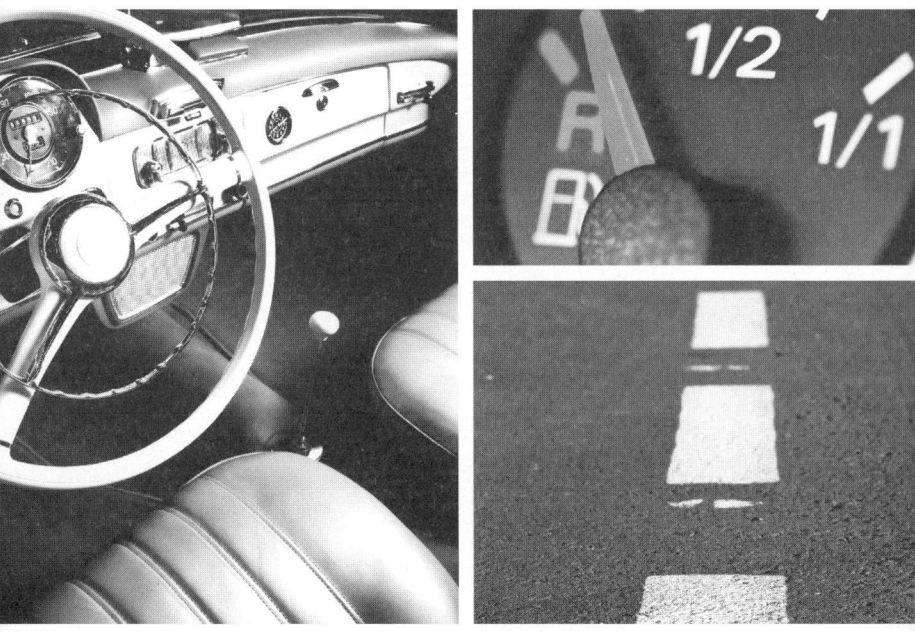

들어오면 어쩌나, 하고 멋대로 상상하는 탓에 또 핸들이 흔들린다.

운전 중에 늘 백미러에 주의를 기울여야 한다는 생각이 문득 떠오르면, 어쩌지, 한 번도 안 봤는데, 하고는 소스라친다. 전방에서 시선을 떼지도 못하는데 백미러는 봐야 하고, 그 초조함에 또 흔들린다.

길을 몰라서 흔들린다.

게다가 이 경우가 가장 최악인데, 자신이 운전하고 있다는 사실이 갑자기 두려워져 또 흔들린다.

이렇게 되면 거의 갈지자 운행이다.

이래서 벌써 10년 이상 운전을 하지 않고 있다. 주위 사람들마저도, 부탁이니까 평생 운전은 하지 말라고 단호하게 말한다. 애당초 내가 어떻게 면허를 딸 수 있었는지가 불가사의하다. 교습소 교관에게 "위험하니까 말 걸지 마세요" 하는 교습생이었는데. 내가 지금 당장 운전을 해도 딱히 법률 위반은 아니라고 생각하면 그저 놀랍다.

운전 능력만 있다면, 하고 생각한다. 그러면 강아지를 동물병원에 데리고 갈 때 한 시간이나 걷지 않아도 된다. 요즘 도심에 강아지와 함께 들어갈 수 있는 카페가 더러 생겼는데 운전을 못하면 거기까지 갈 수도 없다.

강아지가 있으면 살 거리도 많아진다. 강아지 사료와 배변 시트는 부스럭거리기도 하고 무겁다. 5킬로그램짜리가 이익이라는 것은 알지만 2킬로그램짜리로 만족할 수밖에 없다.

운전 능력만 있으면 조그만 픽업트럭을 살 텐데. 조수석에 강아지를 태우고, 짐칸에는 강아지 사료와 배변 시트와 평소에는 무거워 사지 못하는 박스 들이 팩스 용지와 거대한 병에 든 그레이프프루트 주스와 접이식 의자와 배와 멜론을 잔뜩 싣고서, 바람을 가르며 신 나게 달릴 수 있을 텐데.

## 아침 먹는 방

오래전부터 아침 먹는 방을 선망하고 있다. 아침 먹는 방이란, 말 그대로 아침만 먹기 위한 방이다. 작아도 상관없다. 햇빛이 잘 들면 더욱 좋다. 밝고 옅은 파란색 벽지를 바른다. 커튼은 노란색과 하얀색 줄무늬.

외국 영화에 등장하는 아침 먹는 방은 대개 온실처럼 전면이 유리다. 물론 아름다운 정원이 내다보인다. 대머리 집사나 귀여운 가정부가 커피를 쪼르르 따라준다.

아침은 특별한 것이다. '늘 먹는 것'이라서 오히려 특별하다는 발상에 나는 찬동한다. 아침은 가족들만의 것이다. 그러니 손님과 술이 있고, 많은 대화와 함께 시간을 넉넉하게 잡고 먹는 저녁 식사 때와는 다른 장소가 있으면 좋겠다. 가족끼리, 부부끼리, 또는 혼자서, 늘 먹는 것을 먹는 장소. 아주 개인적이고 아담한, 밝고 편안한 아침 먹는 방.

10년 전쯤에 함부르크 대학의 초대로 독일에 간 적이 있다.

일본 영사의 공관에서 묵었는데, 거기에 전면이 유리인 아침 먹는 방이 있었다. 독일은 녹음이 참 풍성한 나라고, 마지 빵이 정말 맛있고, 미술관이 근사하고, 함부르크 대학에서 강의할 때는 학생들이 의외로 열심히 들어주어서 기뻤고, 저녁 식사도 매일 상당히 고급스러웠지만, 그 아침 먹는 방에서 먹은 아침이 가장 인상 깊게 남아 있다.

그런데 요즘 외국 영화에는 아침 먹는 방이 전혀 등장하지 않는다. 대신 아침용 조그만 테이블이 등장하는데 다이닝 테이블과는 별도로 부엌 구석에 얌전하고 귀엽게 놓여 있고 체크무늬 테이블클로스 같은 것이 덮여 있곤 한다. 아주 좁은 아파트의 온갖 것이 널려 있는 너저분한 부엌에조차 이 테이블은 꼭 있는 듯하다.

생활에 쫓겨 허둥지둥 분주하게 지내는 사람들이 아침을 먹는 장소. 그대로 외출해 저녁때까지 빵 부스러기가 여기저기 떨어져 있고 커피 잔이 그냥 놓여 있는 풍경도 운치 있다.

영화에 따르면, 그런 아침용 테이블에 걸터앉는 것은 아내만이 할 수 있는 특권인 듯하다. 애당초 의자가 두 개밖에 없는 데다 아이와 남편은 시간에 쫓겨 선 채로 간단히 요기만 하고는 "다녀오겠습니다" 하고서 나간다. 영화 속에서 아침용 테이블에 반듯하게 마주 앉아 아침을 먹는 경우는 연인이거나 노

부부다. 그런 점도 흥미롭다.

　일본의 주택 사정을 생각하면 아침만을 먹기 위한 장소는 사뭇 사치스럽게 여겨질지도 모르겠지만, 사치란 원래 일상에서 부리는 것이다. 나는 아침에 가장 배가 고프다. 집사가 서빙해주는 아침 먹는 방은 무리겠지만, 언젠가 아담한 아침용 공간을 만들고 싶다.

## 언제나 옆에 있어주는 남자

"단 일주일도 난 혼자 자는 거 싫어. 언제나 사랑을 느끼고 싶은걸."

그렇게 말한 사람은 이사벨 안테나다. 그녀는 또 이런 말도 했다.

"그래, 난 열두 살 때 그대로였으면 좋겠어. 성장하고 싶지 않아, 심각하게 살고 싶지 않다고."

어른의 연애(서로 어느 정도 거리를 유지한 연애 관계를 가리키는 경우가 많은 듯한데)라는 낯부끄러운 말이 있는데, 나는 이 말을 아주 싫어한다. 연애를 하면서 어른스럽게 굴어봐야 별 볼 일 없다고 생각한다. 그런 데다 연애는 애당초 어른이 하는 것인데, 그 이상 어른스러워 어쩌자는 것인지.

좋아하는 사람과는 줄곧 함께 있는 게 당연하다.

혼자만의 시간이 소중하다는 의견도 있다. 과연 그럴까 생각한다. 원래 혼자인데, 그 이상 혼자가 되어 어쩌자는 것인지.

바로 며칠 전에, 전철 안에서 천장에 매달린 잡지 광고를 보았다. 중년 부부의 이혼을 다룬 기사인지, 제목이 '부부가 따로 자는 것이 당신을 구원한다!'였다. 잡지 광고가 많은 사람들의 공감을 얻기 위해 만들어지는 것이라면, 이 나라는 참 서글픈 방향으로 가고 있구나, 하고 나는 그때 생각했다. 아주 심각하게 이 나라를 염려했다.

나는 언제나 옆에 있어주는 남자가 좋다. 솔직하게 말해서 회사에도 안 갔으면 좋겠다. 화장실에도 가지 말았으면 한다. 하지만 이발소만은 예외다. 이발소에 가서 머리를 개운하게 자른 후 좋은 냄새를 풍기며 돌아오는 남자와 재회하는 행복을 위해, 이발소에 간 한 시간 동안은 떨어져서 얌전히 기다려준다.

친구들에게 그 이야기를 했더니, 다들 기가 차다는 표정이었다. 그렇게 만날 같이 있으면 성가시다고 한다. 나 역시 성가셔 하게 될 것이라고.

정말 그럴까, 하고 나는 의심한다. 그녀들이 아무리 설득해도 수긍하지 않는다. 기가 차다는 표정을 짓고 있는 그녀들 하나하나 역시 마음속으로는 언제나 옆에 있어주는 남자를 원할 것이라고 의심한다. 사회생활을 하는 중에는 그런 걸 원해봐야 피차 힘들다는 것을 알기 때문에 원하지 않은 척하는 것이라고 생각한다.

하지만.

언제나 같이 있어주는 것은 힘들어도, 언제나 같이 있다고 생각하게 해줄 수는 있는데.

나가세 기요코 씨의 시 중에 아주 아름다운 시가 있다. 그 시는 이렇게 시작된다.

'속여주세요, 달콤한 말로.'

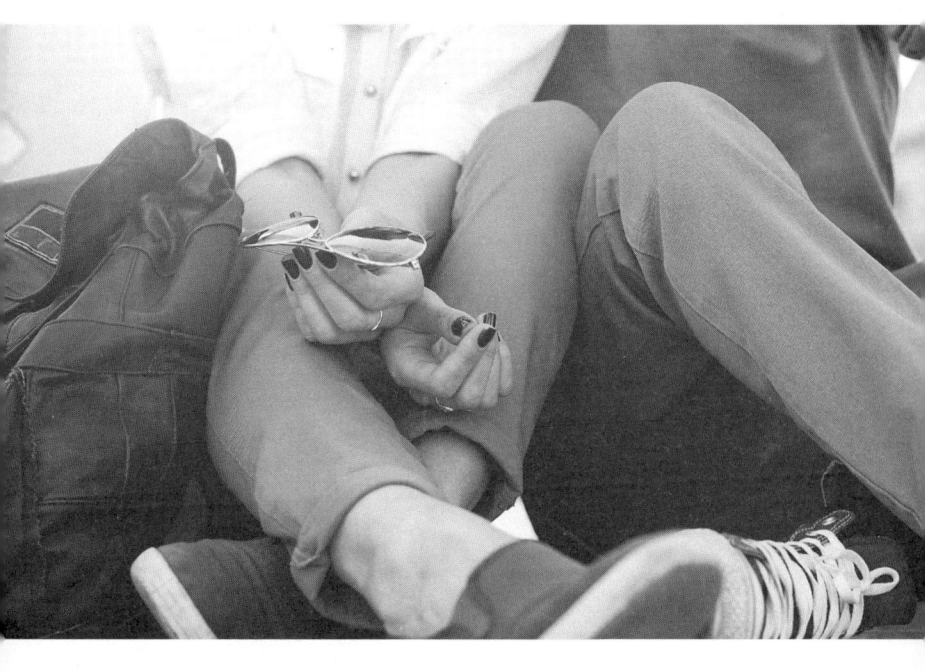

## 하이디처럼 선한 마음

하이디처럼 선한 마음을 원한다.

오래전부터 그렇게 생각하고 있다. 나는 그리 선하지 않다, 아마도. 자신과 타인을 구별하지 않는 하이디의 마음이 부럽다. 보통은 이 둘을 구별한다. 그리고 타인보다 자신을 조금 더 믿기 때문에 타인을 대할 때는 애써 조금 더 선하게 군다. 그런데 하이디는 다르다. 타인을 믿는다. 깐깐한 잔소리꾼 로텐마이어 씨도, 조금은 응석받이인 클라라도, 배움이 없는 피터도, '적이 되기는 무섭지만 한편이 되고 싶지는 않다'며 동네 사람들이 두려워하는 할아버지도. 아마도 자신이 반듯하기 때문에 타인을 믿을 수 있는 것이다. 자기 안에 악의가 없는 것이다. 아주 단순하다. 하이디의 선함은 곧 하이디의 강함이다.

나는 하이디라는 이름도 좋아한다. 짧고, 색다르고, 사랑스럽다. 겨우 다섯 살 난, 검소한 차림에 머리가 짧고, 두려움을 모르고, 티 없이 해맑은 눈으로 사물을 보는 소녀. 더구나 그녀에게는 부모도 없다. 천애 고아의 표본 같은 처지다. 선함이란 강건한 것이라고 가슴 깊이 느낀다.

만약 내 마음이 하이디처럼 선하다면 내 주위 사람들도 행복하리라. 우리 집 강아지도. 강아지는 인간의 악의에 민감하니까. 그는 아마 날마다 나의 악의를 느끼며 살 것이다.

주위 사람들은 물론 강아지와 고양이, 지렁이도 한껏 선하게 대한다. 나는 하이디니까. 처음에는 모두들 이상해할 것이다. 병에 걸렸나, 무슨 속셈이 있는 건가, 그렇게 갖가지 억측이 난무할 것이다. 하지만 요한나 슈피리의 『알프스 소녀 하이디』를 읽으면 알 수 있듯, 하이디의 선함은 전염성이 강하니까 주위 사람들도 마침내는 그 선함을 받아들이고 나를 좋아하게 될 것이다.

자신감이 붙은 나는 동물을 키우는 것으로는 모자라—그 시점에 우리 집은 이미 동물 농장으로 변했을 것이다. 소와 말과 양과 돼지, 당나귀와 오리도 있을 것이다—아이까지 낳을지도 모른다. 강하고 착한 엄마가 되어 『작은 아씨들』 같은 딸들을 키운다. 할머니가 되어 몸져누우면, 『빨간 모자』의 소녀처럼 착하고 용감한 손녀가 찾아오리라. 과자와 포도주를 갖고서.

하이디처럼 선한 마음. 그것이 있었다면 내 인생은 전혀 달라졌으리라. 악의가 없다는 것은 겉으로는 알 수 없는 속사정도 없다는 뜻이니까 소설은 쓸 수 없다. 소설 따위 쓰지 않아도 삶이 충만하기 때문이다.

난감하네.

줄곧 하이디처럼 선한 마음이 있으면 좋겠다고 생각했는데 이 원고를 쓰면서 정말 그걸 원하는지 불분명해지고 말았다.

# 용기

때로 경마를 보러 간다. 그렇다고 경마에 대해 자세히 아는 것은 아니다. 이름이 멋진 말이나 귀여운 말(나는 밝은 갈색에 몸집이 작은 말을 좋아하는 것 같다)을 발견하면 그 말의 마권을 사서 열심히 응원한다.

멋진 이름이란 주로 폼 나는 이름(빠른 바람 조)이나 귀여운 이름(갓파스케), 그리고 또 한 가지, '브레이브'가 붙는 이름. 나는 '브레이브'란 말에 약하다. '스카이 브레이브'나 '브레이브 텐더' 등, '브레이브'가 붙는 이름의 말은 반드시 응원한다.

'갖고 싶은 것'이라는 테마로 에세이를 죽 써왔는데, 마지막으로 내가 가장 원하는 것은 무엇일까 생각하다 문득 용기가 떠올랐다.

용기.

용감하고 싶은 것이 아니다. 용감하지 않으면 안 된다고 생각한다. 하루하루를 사는 데 용기는 반드시 필요하다. 증명할 수 없지만, 용기는 소모품이다. 날마다 필요하니까 날마다 공급되지 않으면 안 된다. 그 점이 배짱과는 다르다. 배짱은 아무리 부려도 줄어들지 않는다. 뒤집어 말해서 공급할 수 없다.

용기를 공급하는 데는 여러 가지 방법이 있다. 책을 읽거나 친구를 만나고, 맛있는 것을 먹는다. 모두 용기가 샘솟는 일이다. 행복한 시간을 많이 가지면 사람은 용감해진다고 생각한다. 자신의 인생에 대한 신뢰, 그것이 없으면 용기도 생기지 않는다. 무언가의 보호를 받고 있다는 것. 그래서 종교가 있는 사람은 용감해지기 쉽다. 부럽다.

안데르센의 『장난감 병사』에 장난감 병사가 혼자 캄캄한 도랑에 떠내려가는 장면이 있다. 병사는 인형이라서 그냥 떠내려가는 수밖에 없다. 공주님 인형이라면 비명을 지르고 왕자님을 기다리는 방법이 있지만, 병사는 그럴 수 없다. 그래서 용기를 내어 그저 떠내려간다. 전투를 치르거나 수영을 하는 것도 아니다. 다만, 떠내려간다. 그것에 필요한 용기.

내가 나날이 필요로 하는 것은 바로 그런 용기다. 어렸을 때 읽은 책은 인격 형성에 영향을 미친다.

세 가지 소원, 우물, 상어 이빨, 모자, 하늘이 내려준 가창력, 당나귀, 능수버들 같은 허리, 운전 능력, 아침 먹는 방, 언제나 옆에 있어주는 남자, 하이디처럼 선한 마음 등 여러 가지를 썼다. 마지막으로 나는 용기를 원한다. 그 용기를 아낌없이 소비할 수 있도록 행복한 순간을 많이 만들면서 살리라.

## Ⅳ 햇살 내음 가득한, 어슴푸레한 장소

인생에는 특별한 순간이 있다. 아주 사소하지만 결정적인 순간. 그런 순간을 당시에는 모른다. 그래서 더욱 아름답고 슬픈 것이다.

# 어느 겨울날의 독서 일기

2월 ○일

강아지 예방 접종과 목욕시키는 날. 남편에게 운전을 부탁해 동물 병원에 차를 타고 갔다. 강아지를 병원에 맡긴 후 집으로 다시 돌아가는 줄 알았는데 납치를 당하듯 아키하바라로 끌려가고 말았다.

"갑자기 왜 이러는 거야?"

그렇게 따졌더니 "이러지 않으면 같이 가주지 않으니까" 하고 말한다. 남자들은 모두 전자 제품 대리점을 좋아하는 것일까. 대리점 순례를 하는 동안, 나는 늘 그렇듯 길가에서 책을 읽으며 기다린다. 세 시간이나 시간이 있기에 읽다 만 헤닝 만켈의 『살인자의 얼굴 Mördare Utan Ansikte』을 다 읽었다. 스웨덴 경찰 소설이다.

내 생활에서 커피와 추리 소설의 소비량은 어마어마한데 요즘 한동안 히트작을 만나지 못했다. 퍼트리샤 콘웰의 『마지막

경비구역 1·2』나 제프리 디버의 『악마의 눈물』, 지닌 캐도의 『무법의 정의 Blue Justice』도.

돌아온 남편은 책을 다 읽은 나의 언짢은 얼굴—추웠다, 엄청나게—을 보고는 사죄의 뜻으로 초콜릿을 사 주었다.


2월 ○일

작년에 사놓고서 겁이 나 읽지 못한 브루스 채트윈의 『왜 내가 이런 곳에 What Am I Doing Here?』를 단단히 각오하고서 다시 읽었다. 이 책을 읽었다가는 정신이 멍해져서 머리와 마음이 현실에 적응하지 못할뿐더러 한동안은 일에도 손을 못 댈 것을 알기에 겁이 났던 것이다. 10년 전에 『파타고니아』를 읽었을 때도 그랬으니까.

채트윈의 문장은 아름답다. 그리고 그 이상으로 아름다운(아마도)—솔직하고 명석한—눈을 지녔을 것이라고 생각한다. 수많은 여행을 통해 태어난 그의 문장은 꾸밈이 없고 본질이 흔들리지 않는다는 점에서 강하다. 이틀 동안, 하루에 꼬박 세 시간씩 목욕을 하면서 집중해서 읽었다. 역시 정신이 멍해졌다. 이틀째 밤에는 비가 내리기 시작한 것조차 알아차리지 못했다.

2월 ○일

대담 때문에 나가노 마유미 씨를 오랜만에 만났다. 어린 시절 이야기도 나누었다. 옛날에 하네다 공항에서 팔았던 세계의 목각 인형 이야기로 분위기가 고조되었다. 나는 동생과 둘이서 그 인형을 모았는데, 나가노 씨 역시 동생과 수집했다고 한다.

해가 무척 길어졌다. 집에 돌아오니 5시 반이었는데 여전히 밝았다. 강아지를 데리고 산책을 다녀오고, 버터 토스트와 스크램블드 에그로 간단히 저녁을 먹은 후 우편물을 정리했다. 『9번지의 찰스 이야기 Charles of the Wild』존·앤 하셋 지음가 와 있기에 얼른 읽어보았다. 부잣집에서 과잉보호를 받으며 자라는 강아지 찰스의 작은—그러나 온몸으로 부딪친—모험 이야기. 차분한 색감과 또렷한 선. 아주 마음에 들었다. 그리고 뉴욕에 가고 싶어졌다.

밤에 다이와 쇼보의 연재 에세이를 한 편 쓰고 취침.


2월 ○일

친구가 보내준 『이즈미 어록』스즈키 이즈미 지음을 읽었다. 깜짝 놀랐다. 이 사람이 쓴 글은 지금까지 한 번도 읽은 적이 없는

데, 다른 글도 제대로 읽어봐야겠다고 생각했다.


2월 ○일

일요일. 가이세 사에서 출판 예정인 그림책 『Big Red Barn』의 번역 원고를 거의 종일 손봤다. 마거릿 와이즈 브라운의 더없이 단순하면서도 풍요로운 스토리를 품은 영어를 일본어로 옮기는 작업은 행복하다. 밤, 목욕을 하며 러셀 앤드루스의 『기드온 신의 분노 Gideon』를 읽기 시작했다.

## 조각 같은 촉감의 행복한 소설집

『몸의 선물 The Gifts of the Body』레베카 브라운 지음

'몸의 선물'이라는 군더더기 없는 제목이 이 행복한 소설집의 감촉을 정확하게 표현하고 있다. 행복한 소설집이라고 쓴 이유는, 이 책에는 삶이 그려져 있기 때문이다. 살아 있는 한 순간의.

많은 사람이 등장한다. 저마다 각자의 생활이 있다. '더러운 접시가 싱크대에 놓여 있는 것도 아니고, 빈 통조림 깡통이 여기저기 널려 있는 것도 아니'지만 '카운터와 바닥에 막이 껴 있는 것처럼 보이'는 부엌을 가진 여자와, 수정과 조개껍데기와 돌로 방을 장식한, 채식주의자인데 유제품이 들어가는 시나몬 롤도 먹는 남자.

각자에게는 과거가 있고 현재가 있다. 가족이 있고, 친구가 있고, 연인이 있기도 하다. 하지만 그런 부분에 대해서는 많이 그려지지 않는다. 현재를 사는 그들의, 그 장소에만 있는 ─ 거기에 확실하게 있는 ─ 삶의 한 순간이 간결한 문장으로 그려

진다.

삶을 그린다는 것은 소설의 본질이므로, 이 책은 아주 자연스러운 소설집이다. 자연스럽고 심플하고, 가벼우면서도 무겁다.

내가 레베카 브라운이라는 작가를 처음 안 것은 『밤의 자매단』이라는 기묘한 단편집에 수록된 「결혼의 기쁨 The Joy of Marriage」이라는 소설에서였다. 탁하지 않은 문장이 마음에 들었다. 그 후, 또 다른 기묘한 단편집 『어려운 사랑』 중에서 「우리들이 한 일 Folie a Deux」이라는 소설을 만났을 때도 많이 놀랐다. 레베카 브라운은 조각을 하듯 소설을 쓰는 작가다. 따라서 '쓴다'보다 '새긴다'는 동사가 어울린다. 완성된 소설도 이야기라기보다 '물체' 같은 느낌. 질감이 확실하다.

『몸의 선물』 역시 그렇다. 언어로 쓰여 있기는 하지만, 언어는 설명하는 작용을 하지 않는다. 아주 용의주도하게 설명을 피해 간다. 그래서 아름다운 물체로서의 소설이 가능해지는 것이다.

등장인물 한 사람 한 사람은 보잘것없지만 동시에 독특하고, 에이즈를 앓고 있다는 공통점이 있다. 소설이 진행되면서 한 사람 한 사람 죽어가는데, 그 상황은 조각 — 즉 소설 — 에 삶의 색채를 강렬하고 선명하게 새겨 넣는다. 그러지 않으면 안 된다고 생각한다.

무수한 사람이 여러 장소에서 다양한 방식으로 살다 죽는다. 그 단순한 사실을 그냥 단순하게 쓴 덕에 싱그러운 인생 스케치가 된 작고 완벽한 소설집. 좋다, 아주.

## 나그네의 마음

『순례자들』 엘리자베스 길버트 지음

　오랜만에 미국 지도를 펼쳤다. 엘리자베스 길버트의 단편집 『순례자들』에 실린 작품 하나하나가 미국 여기저기를 무대로 한 탓인데, 그래도 내가 지도를 본다는 건 흔치 않은 일이다.

　나는 원래 조사를 열심히 하는 성격이 아니다. 소설을 읽고서 그 무대가 된 장소를 지도에서 확인하거나, 역사물을 본 후에 역사책을 들춰보는 성실함이나 학구열은 없다. 책과 연극의 참맛은 그때 그 장소에서 홀연 나타나는 이야기를 목격하는 것이라고 생각한다. 게으름을 무마하려는 변명이라고 한다면 달리 할 말이 없지만.

　그런데 이번에는 지도를 꼭 보고 싶었다. 이 소설에서 지도가 지닌 시적인 정서와 아주 흡사한 것을 느꼈기 때문이라고 생각한다. 현실에 바탕한 시정詩情. 메마르고, 정확하고─하지만 이게 정확하다고 과연 누가 말할 수 있을까, 지도를 볼 때마다 나는 그렇게 생각하는데 그 점까지 포함해서─, 멋없고, 끝이 없고, 자신이 아주 조그만, 하잘것없는 존재처럼 여겨진다.

나그네의 기분을 불러일으키는 단편집이다. 혼은 늘 있을 곳을 찾아 헤매 다닌다. 지도는 그런 시정을 자극한다. 엘리자베스 길버트의 소설들도 그렇다. 그런 의미에서 '순례자들'이라는 제목은 단편 하나의 제목을 넘어 전체의 제목으로도 아주 잘 어울린다.

나는 개인적으로 미국이라는 나라를 좋아한다. 주로 소설에 등장하는 미국이지만. 길버트의 소설에는 슬픈 미국, 평범한 미국이 그려져 있어 친근하다. 슬프고 평범한 미국. 광활하고, 현실과 질서가 뒤틀려 있고, 황량한.

그건 그렇고, 참 힘 있는 단편집이다. 내면을 향한 힘이 강하다. 균형을 유지하는 힘이라고도 할 수 있겠다. 여러 방향을 향하는 에너지를 소설이라는 방법을 통해, 어느 한 점, 어느 한 순간에만 묶어두는 힘.

소설 하나를 읽고 나면 다른 소설을 바로 읽을 수 없다. 그 이유는 소설 하나하나의 완성도와 그 완결된 아름다움 때문이라고 생각한다. 이야기를 믿는 작가라는 것을 금방 알 수 있다.

리처드 호프만의 집안은 조상 대대로 헝가리에서 '호프만 로즈워터'를 제조했다.

이런 매력적인 서두로 시작되는 「'명성 자자한 자르고 붙여 불붙이기' 담배 마술」과, 길을 사이에 두고 마주 서 있는 두 술집을 둘러싼 단편 「톨 폭스」를 읽으면, 그것을 금방 알 수 있다. 이야기를 믿는다는 일종의 낙관성과 끈기가 있었기에 그는 이렇게 절망에 대해 정직하게 소설로 꾸려내고 있는 것이다.

남녀의 대화를 그리는 이 작가의 방식도 좋아한다. 이는 「순례자들」이나 「착류」, 「동쪽으로 가는 앨리스」 등에서 선명하게 드러나는데, 여기에 등장하는 인물들은 모두 고독해 보인다.

'사람은 누구나 서로 다른 피부에 감싸여 있다'는 가타야마 레이코 씨의 시가 떠오른다. 미국의 현대 소설은 그 피부 주변의 짜증과 고독과 희망과 절망이 우왕좌왕 뒤섞인 소설이라고도 할 수 있으니, 길버트의 작품은 그 훌륭한 한 예이리라.

흥미로운 작가라고 생각한다.

「브롱크스 터미널 청과물 시장에서」의 현장감(별 상관 없는 일이지만, 이 소설에 '깜짝 놀랄 만한 무화과', '과립 형태의 벌꿀 같은 맛이 났다. 껍데기는 얇은 캐러멜 같았다'라고 묘사되는 이스라엘산 말린 무화과를 꼭 먹어보고 싶다), 「엘크의 말」의 고요함과 기묘한 에너지, 「데니 브라운이 몰랐던 것들(15세)」의 섬세함과 소설다움.

「꽃과 여자의 이름」이라는 단편에 "너는 듣는 사람이 아니라

보는 사람이잖아?"라는 대사가 있는데, 엘리자베스 길버트도 그런 사람일지 모르겠다. 싱그럽고 적확하게 묘사되는 디테일. 읽으면서 기분이 유쾌해졌다.

  재미있었다.

  오랜만에, 진짜 그렇게 생각했다.

## 행복한 다이애나

『어린이의 정경 A Gallery of Children』 A. A. 밀른 지음

아름다운 책만큼 행복한 것도 없다고 생각한다. 책은 닫혀 있으니 상처가 나지 않는다. 또한 살아 있는 사람에게는 닿지 않는 장소다. 그 때문에 아름다운 책은 모두 조금은 절망스러워하고 또 조금은 권태로워하는데, 이것은 그런대로 나쁘지 않은 일이다. 『어린이의 정경』을 읽고서 그런 생각을 했다.

무척 아름다운 책이다. 빨간 헝겊 장정도, 형태도, 종이도, 활자도, 르 메르의 그림도. 열두 편의 이야기에 열두 장의 그림이 실려 있다.

제목 그대로 모든 이야기가 어린이를 둘러싼 정경이라서, 한 책에 다양한 어린이가 등장한다. 사랑스럽고 때로는 흐뭇하기도 하지만 모두 절대적으로 고립되어 있다. 그 점이 재미있다. 세계와의 거리, 같은 것. 예를 들어, 「침대 속 어린 워털루 Miss Waterlow in Bed」에서 곰 인형과 아기가 나누는 그야말로 밀른 적인 대화―"말이란 정말 아주 작은 것밖에 전하지 못해. 가령 '연

유'라는 말도 그렇지. 그 말로 하고 싶은 말이 다 전해진다고 생각하니?"—나 「모래 아이들 Sand Babies」에서 바다를 보고는 갑자기 울음을 터뜨리는 존처럼 직설적인 형태로 그려지기도 한다. 하지만 오히려 혼자서 광장을 활보하는 다이애나 F. M. 제임스나 창가에 우뚝 서서 비를 쳐다보는 제인 앤의 조그만 몸 전체에서 보다 극명하게 피어오른다.

모든 아이들이 아주 자연스럽게 권태로워한다. 아름다운 책과 마찬가지로 절망에 젖어 있는 것이다. 세계를 미처 상대화하지 못한 탓인지도 모르겠다. 이야기 하나하나가 마치 구슬처럼 투명하고 딱딱하고 고립되어 있다. 그런 이야기를 읽는 것은 더없는 쾌락이다.

첫 작품인 「공주님과 사과나무 The Princess and the Apple—Tree」에는 이런 에필로그가 있다.

> 나무처럼 커다란 램프 갓 아래에서 밴더데켄 언니가 동생들에게 읽어준 이야기. 이야기가 끝나자 동생들은 말했어요.
> "또 읽어줘, 응? 언니."
> 그런데 처음 그 이야기를 들은 다이애나 혼자만 이렇게 말했지요.
> "둘이 다시 만나서 정말 잘됐다."

『어린이의 정경』을 읽고 난 후, 자신이 행복한 다이애나가 되어 있다는 사실에 모두들 깜짝 놀랄 것이다.

# 커포티의 유작, 그 아찔한 외설과 속도

『이루어진 기도 Answered Prayers』트루먼 커포티 지음

천천히 읽고 싶은 책이 있다. 집중해서 단숨에 읽고 싶은 책이 야외에서의 식사 — 와일드한 바비큐, 행복한 피크닉 런치 — 같은 것이라면, 천천히 읽고 싶은 소설은 실내에서 즐기는 술이나 과자 같은 것이다. 『이루어진 기도』를 읽으면, 그걸 잘 알 수 있다.

서두는 커포티답게 매끄럽고 아름답다. 문장도 커포티답게 간결하지만 이야기는 아찔한 외설과 함께 빠른 속도로 진행된다. 마치 샴페인을 터트렸을 때 순식간에 부글부글 이는 거품 같다.

P. B. 존스라는 게이 작가의 눈을 통해 미국과 유럽 셀러브러티들의 일상과 대화가 그려진다. 우아하고 매력적이고 튀고 싶어 하는 애처로운 여자들, 그리고 남자들. '어렸을 때 잠에 빠졌다가 축 늘어진 눈과 틀니를 하고, 가슴에는 위스키 병을 안은 채 40년 후에 깨어난 것처럼, 상처 입기 쉬운, 언뜻 아무

것도 할 줄 모르는 어린애처럼 보이'는 60대 여배우, '약 40개에 이르는 트렁크와 하인 몇 명과 함께 그저 국경을 넘을 뿐인 여행'을 하는 돈 많은 여자. 굉장히 많은 사람이 조금씩 등장하기 때문에 희극도 비극도 가볍게 느껴질 정도다.

물론 등장인물이 대부분 실명이라서 가십 소설의 재미를 만끽할 수 있지만, 스캔들러스함이 아주 사소하게 보인다. 그 점에서 과연 커포티라 여겨진다. 톤이 맑고 밝은 점도.

인생에는 특별한 순간이 있다. 아주 사소하지만 결정적인 순간. 그런 순간을 당시에는 모른다. 그래서 더욱 아름답고 슬픈 것이다. 가령 유명한 호텔의 바와 레스토랑에서, 카페에서, 거실에서, 침실에서 있었던 수많은 특별한 순간이 이 소설에서는 아무렇지도 않게, 하지만 일종의 애정 속에 그려져 있다.

# 햇살 내음 가득한, 어슴푸레한 장소

『혀의 기억』 쓰쓰이 도모미 지음

　음식은 사람을 만든다. 이야기는 어슴푸레한 장소에서 살아 숨 쉰다. 『혀의 기억』은 그런 책이다. 이 책에는 찹쌀 경단, 잼 빵, 나폴리탄 스파게티, 죽, 배추김치 등등 먹을거리가 무수히 등장한다. 수박, 수프, 계란찜, 별 사탕. 쓰쓰이 도모미 씨는 그것들을 특유의 단호한 문체로 그려나간다. 타협 없는 체질인 것이다.

　음식은 사람을 만든다고 썼는데, 그것은 포괄적인 의미에서 의지와는 무관하게, 그냥 만든다는 뜻이다. 육체도 정신도. 그것은 아주 올바르고 흥미롭고, 또 잔인한 일이다. 잔인함. 문학을 지향하는 것과 잔인함을 지향하는 것은 본질적으로 유사한 일이라고 생각한다.

　그런데 음식에 대한 기억은 어째서 늘 슬픈 것일까. 아무리 맛있는 것도, 아무리 행복한 순간도, 기억 속에서는 희미하고 슬프다. 감촉이 또렷하면 또렷할수록 아련하니 슬프다. 그것은 어쩌면 그 사람의 '어둠'을 만들기 때문인지도 모르겠다고 이 책을 읽고서 생각했다.

지나온 나날들, 스쳐 지나간 사람들.

여기에 어른들에 에워싸여 자란 병약하고 까다로운 한 소녀가 있다. 순수한 소녀처럼 보이기도 한다. 이 책 속에서 그녀는 능동적으로 움직이지 않는다. 하지만 해맑은 눈으로 언제나 세계를 응시하고 있다. 새침한 엄마가 있고, 조금씩 정신이 병들어가는 큰엄마(여배우)가 있고, 그 큰엄마와 한국에서 사랑에 빠진 큰아버지가 있다. 그리고 세 마리 강아지.

음식을 축으로 이야기되는 그런 요소들의 단편은 신기하게도 완벽한 질량을 유지하고 있다. 완벽한 질량을 유지하고 있다는 것은 요컨대, '감상'이 '감상'인 채로 깨끗하게 거기 있다는 뜻이다. 절대 '감상적'으로 추락하지 않는다.

첫 장의 첫 문장은 이렇다.

> 비가 내리고 있다. 전등을 켜기에는 아직 조금 이른 해거름. 엄마는 장이라도 보러 나갔는지 집 안이 무척 고요하다.

그 온도, 그 습도. 그립다는 것과는 다르다. 오히려 감정을 배제했기에 갇혀 있던 기억이 피어오를 뿐이다.

각 장 모두, 그렇게 그려진다. 어슴푸레함과 어슴푸레하기 때문에 한층 곤두서는 감각. 말에 의해 규정, 또는 분석되기 이전의 기억들.

이 책을 읽어나가면서, 이야기가 살아 숨 쉬기에 더없이 좋은 조건을 갖추고 있는 그 장소에 점점 빨려 들어간다. 가장 좋았던 것은 음식을 묘사할 때의 작가의 타협 없는 자세. 그야말로 행복해진다.

그저 단순히, 사랑하는 것이겠지, 하고 생각했다. 이 소설에 등장하는 하나하나의 음식을, 설령 싫어하거나 좋아할 수 없었던 것까지 모두 뭉뚱그려서 '혀의 기억'으로서 단순하게 깊이 사랑하는 것이리라.

읽으면서 슬픈데 행복―그냥 행복이 아니라 희붐한 햇살 같은 것―이 느껴지는 것은 그 올곧음이 뒷받침하고 있기 때문이라고 생각했다. 여기에 등장하는 소녀의 순수함이 바로 그것이다.

에피소드 하나하나는 아주 농밀한데, 그것을 절대로 눈물 젖게 그리지 않는 쓰쓰이 씨의 문장. 나는 그녀의 문장 속에 담긴 그 의지를 무척 좋아한다. 물론 작가로서의 의지겠지만 그것을 뛰어넘어, 기질이랄까, 체질 같은 것이라고 생각한다. '우리 집은 대대로 도쿄 문화 속에 살았기 때문에 된장국거리는 한

가지나 두 가지. 이것저것 든 것을 좋아하지 않는다'는 사실과도 무관할 리 없다. 적확함과 티 없이 맑은 눈, 그리고 도쿄 문화인 기질. 『혀의 기억』은 그런 책이다.

작위가 닿을 수 없는 장소가 있다. 예를 들어 소설을 쓸 때, 애달픔을 만들어내는 것은 어렵다. 슬픔이나 불행, 곤란과 고통, 외로움은 상황을 만들어 존재하게 할 수 있지만 애달픔은 그럴 수 없다. 애당초 설명할 수 없는 감정이다. 야성적이고 폭력적인. 이 차분한 책에는 그것이 꼭꼭 담겨 있다.

「우쿨렐레와 에클레르」라는 글에 나는 개인적으로 허를 찔리고 말았다. 그리고 애달픔에 숨이 막힐 듯했다. 동시에 그 글에서는 보란 듯이 햇살 내음이 풍긴다.

갇힌 기억과 아픔, 그녀 자신이 되어가는 음식. 어슴푸레한 장소. 스쳐 지나가는 사람들. 묵직하고, 회색 표지가 아름답고, 비로 시작되는 이 책은 햇살 내음이 나서 좋다. 행복하다.

나는 음식에 대한 쓰쓰이 씨의 기호에 공감 가는 부분이 많았다. 어렸을 때부터 나는 무화과를 상당히 좋아했다. 얼음 하면 늘 빙수였다. 찹쌀 경단에는 꼭 설탕을 뿌려 먹었고, 전골 종류는 지금도 좋아하지 않는다. 잼 빵은 싫어했는데, 꼭 먹지 않으면 안 되는 상황이 생기면 어떻게든 ─ 선명한 인상과 함께 ─ 먹었다. 그런 공통점이 있음에도, 모든 것은 공유할 수 없는 기억으로 다만 거기에 있을 뿐이다.

음식을 둘러싼 그런 기억 하나하나를, 냉정하면서도 정성스럽게 그리고 정열적으로 풀어낼 수 있는 쓰쓰이 씨의 올바름에 반가움과 아픔을 느끼며, 또 비밀을 엿본 것처럼 긴장되는 기분으로 나는 페이지를 넘겼다.

혀의 기억.

정말 말 그대로라고 생각한다.

## 고독, 사람 하나분의 무게와 마주하는 일

『아시안 저패니스2』 고바야시 기세 지음

『탄식의 해 The Age of Grief』 제인 스마일리 지음

『이누우에 군이 찾아왔다』 기타야마 요코 지음


아, 이 사람, 하고 생각했다. 2년 전, 책방에서 『아시안 저패니스』 표지를 보았을 때다. 사진 속의 여자는 물론 지인이 아니다. 그런데도 아, 이 사람, 하고 생각하고는 책을 집어 보았다. 그리고 잠시 마음을 가라앉히고 다시 생각했다. 아, 나는 이 사람을 이미 알고 있다고.

작년에 그 두 번째 책이 나왔다. 필름을 그대로 가져다 쓴 것처럼 흑백 사진으로 꾸민, 사람을 빨아들이는 강렬한 표지도 그대로였다. 『아시안 저패니스2』. 아, 또 만났네, 라고 생각했다. 평소 내 안에 숨어 있던 무언가가 꿈틀거렸다. 그러면 그냥 지나칠 수 없다.

저자는 아시아의 여러 나라(및 프랑스 파리)를 여행하면서 사진을 찍고 글을 쓴다. 이 두 책은 여행지에서 만난 일본 사람들의 옆얼굴로 구성되어 있다. 그들은 왜 거기에 있을까? 무엇을 보고 무슨 생각을 하며 거기 있을까? 그리고 어디로 갈까?

사진에 찍힌 일본 사람들의 때로 움찔하리만큼 솔직한 시선. 고바야시 기세라는 사람의 문장은 치졸하리만큼 직설적이다. 그래서 더욱 마음에 와 닿는다. 여행지의 경치를 묘사하는 것이 아니라 여행지의 바람을 있는 그대로 보내주는 듯한 문장이라고 할까.

방랑이라고 해도 좋고 도피라 해도 좋다. 수행이라는 단어를 사용하는 사람도 있었다. 각자의 가정, 각각의 여행. 거기에 공통적으로 새겨져 있는 것은 사람 하나분의 무게다. 그것은 고독이라 할 수도 있고 자유라 할 수도 있다. 사람 하나분의 무게. 모두가 그것과 마주하고 있다.

그것을 성실하게 소설화한 단편집이 제인 스마일리의 『탄식의 해』다. 여섯 편의 단편이 실려 있다. 어느 단편이나 아주 평범한 생활에 가려진 '견딜 수 없는 격렬한 감정'을 치밀한 시선으로 그리고 있다.

치과 의사 부부가 주인공인 「탄식의 해」에는 이런 구절이 실려 있다.

> 아내가 거대한 슬픔을, 내가 지금까지 느껴본 어떤 슬픔보다 거대한 슬픔을 안고 돌아온 것을 환영해야 할까. 결혼은 내게 조그만 그릇 같은 것으로 생각된다. 결국, 아이 몇 명을 담는 것이 고작인 크기

다. 둘의 내면생활, 얼마나 복잡한지 모른다. 죽을 때까지 이어질 둘의 사고는 조그만 그릇을 박차고 분출되어 그것을 산산이 부수고 변형시키고 만다.

내가 가장 좋아하는 단편은 「릴리Lily」.

독신이고 '데이트를 하지 않은 지 한 달 반'이 되었고, 그 점을 심각하게 문제시하고 있는 듯한 릴리에게 친구 부부가 놀러 온다. 그 세 사람의 위태롭고 우스꽝스럽고 애절한 균형. 고독을 즐기는 릴리, 친구 부부가 보여주는 부부 싸움, 그리고 선연한―그렇게 말하고 싶다―절망의 순간. 혼자 사는 릴리의 청결한 집 안에서만 이야기가 진행되는 점도 좋다.

한 사람의 고독과 두 사람의 고독. 고독에 얽매이면 사람은 점차 옴짝할 수 없어진다. 툭 끊어버리면 결국 사람 하나분의 무게로 남을 텐데.

한 사람의 고독과 두 사람의 고독. 그것에 바짝 다가서서 직시한 이야기가 『이누우에 군이 찾아왔다』다. 들판에서 만난 개와 곰이 친구가 되어 함께 살아가는 이야기. 평이한 언어로 알기 쉽게 이야기가 진행되는 만큼, 본질에 가까워 가슴이 두근거린다. 공정하기 때문에 재미있는 것이다. 절망과 희망이 똑같은 분량으로 그려진다. 마지막 장은 「이누우에 군이 없는 밤」인데, 함께 있지 않는 쪽이 이치에 맞다는 것은 알지만, 그런데도 함께 있고 싶어 하는 데서 오는 행복과 불행이 몹시 애처롭다.

 갈색을 기본으로 매 장마다 초록과 파랑, 빨강이 각각 함께 사용된다. 그 두 가지 색의 단순한 조화도 무척 아름답다.

## 늙은 여자 셋의 에너지와 청결함, 그리고 여자다움

『한층 꽃다워지다』세토우치 자쿠초 지음

재미가 최고, 인 책을 읽었다.

『한층 꽃다워지다』는 세토우치 자쿠초 씨의 최근 작품으로, 하이쿠 시인 스즈키 마사조를 모델로 한 소설이다.

주인공이 남자 꿈을 꾼 후 잠에서 깨어나는 서두부터가 눈길을 끈다. 소설도, 주인공의 생활도 시원스러운 속도로 쑥쑥 앞으로 나아간다. 무척 유쾌하다.

아침에 하는 화장과 밤에 화장을 지우는 순서, 날마다 골라 입는 기모노의 무늬, 먹는 것 등 디테일이 흥미로워 감동한다. 중심인물인 세 여자는 모두 일을 갖고 있고, 활동적이고 세련되고 대식가다. 그녀들 생활의 세부만으로도 충분히 재미있는데 그 압도적인 디테일 사이사이로 인생의 심연과 목숨을 건 사랑, 인연, 아직도 얽매여 있는 과거가 불쑥 서늘하게 얼굴을 내민다.

연애와 성에 관해서도 대담하게 이야기하는 그녀들의 기탄

없는 대화가 시원하다. 긴 세월을 이겨낸 자들만의 특권일 것이라고 생각한다.

"사람은 자기 힘으로 빛나는 게 아니라 그렇게 해준 사람의 열정과 마음을 받아서, 그 반영으로 빛나는 거야."

"여자가 집을 나갈 때는 보통 남자가 생겨서야. 새 구두가 없으면 헌 구두를 벗어 던지지 않지. 여자는 맨발로 걷지 않으니까."

이렇게 화들짝 놀라고 움찔 놀랄 만한 말들도 깨알같이 박혀 있다. 한 사람이 평생을 살아간다는 것의 무게와 그 대단함, 그리고 그 와중에 있는 주변 인물들도 매력적이다. 문단과 화단의 뒷이야기라 할 수 있는 일화도 드문드문 있어 그 부분도 흥미롭다. 게다가 늙은 여자 셋의 에너지에는 그만 혀를 내두르게 된다. 에너지와 청결함과 여자다움과 일종의 각오. 읽으면서 기운이 솟는 책이었다.

## 작가 후기

'울지 않는 아이'라는 제목의 에세이집을 선보인 지 5년이 지났습니다. 이번에는 『우는 어른』입니다.

나는 '우는 어른'이 되었습니다.

현실적인 행위로 우느냐 안 우느냐는 차치하고, 어른이란 본질적으로 '우는' 생물이라고 생각합니다. '울 수 있다'는 표현이 정확할지도 모르겠군요. '울 수 있다'는 것은 아마도 진정 안도할 수 있는 장소를 지녔다는 것이겠죠. 나는 '울지 않는 아이'였던 자신을 다소는 듬직하게 여겼지만 '우는 어른'이 되어 기쁩니다.

남성 잡지 첫 연재였던 「남성 친구의 방」을 중심으로 나날의 생활과 여행, 책에 얽힌 글을 모아 한 권의 책으로 엮었습니다. '우는 어른'의 기록입니다. 생활이란 언제나 잔물결이 이는 것,

게다가 시시각각 그 모습을 바꾸기까지 합니다. 그것을 직시하는 것은 때로 웃음 나는 일이었습니다.

  대체 뭘 하고 있는 건지.

  초여름입니다. 마당 여름 동백나무에 조그맣고 하얀 꽃이 피어 있습니다.

2001년 6월

에쿠니 가오리